Paleo
Das Kochbuch

Diplom-Oecotrophologin **Sophie Bromberg** arbeitete nach Abschluss ihres Studiums zunächst bei einem internationalen ernährungswissenschaftlichen Institut in der Studienauswertung. Anschließend wechselte sie in die Bücherwelt, wo sie viele Jahre als angestellte Lektorin und Projektmanagerin in verschiedenen namhaften Ratgeberverlagen für den Kochbuchbereich verantwortlich war. Seit einigen Jahren arbeitet sie als selbstständige Autorin, Lektorin und Übersetzerin für Kochbücher und Gesundheitsratgeber.

Das Kochbuch

Inhalt

Einleitung

Alles auf Anfang

Paleo – was ist das?

Paleo- oder Steinzeit-Ernährung: Auf diese Begriffe stößt man in der letzten Zeit öfter in den Medien. Viele Promis schwören neuerdings auf diese in den USA schon Ende der 1970er-Jahre entwickelte Ernährungsweise, ob zur Verbesserung ihrer Gesundheit und ihres Wohlbefindens oder für kurzfristige Diäterfolge. Und man liest von nahezu unglaublichen Heilungserfolgen und positiven Auswirkungen auf den Gemütszustand alleine durch die Umstellung auf Paleo.

Was ist dran an dieser „neuen" Ernährungsform, die sich auf die Ursprünge der Menschheit besinnt? Und was ist das überhaupt genau?

Die Steinzeit im modernen Zeitalter

Wer den Begriff Steinzeiternährung zum ersten Mal hört, hat vermutlich unvermittelt mit Fellen behängte steinzeitliche Wilde vor Augen, die mit Speeren auf Mammutjagd gehen, Wurzeln ausgraben und Beeren sammeln. Zum Glück muss sich bei uns heute niemand mehr auf diese mühevolle Weise seine täglichen Mahlzeiten erarbeiten. Die moderne Paleo-Ernährung nimmt sich zum Vorbild, was steinzeitlichen Menschen damals hauptsächlich an Lebensmitteln zur Verfügung stand und überträgt dies auf das heutige Angebot.

Der Ursprung dieser Ernährungsform beruht aber keineswegs auf der romantisch verklärten Vorstellung, dass früher doch alles besser gewesen ist. Sie basiert vielmehr auf der Erkenntnis, dass diese ursprünglichen Lebensmittel gut für uns sind, während erst später entdeckte gesundheitliche Nachteile haben können.

Wenn Sie sich nach diesem Prinzip ernähren wollen, müssen Sie nicht mit dem Speer losziehen, sondern kaufen ganz normal im Supermarkt, beim Metzger, im Bioladen oder auf dem Markt ein. Und Sie können aus einem weitaus reichhaltigeren Angebot an Nahrungsmitteln als unsere Vorfahren wählen, mit dem Sie sich ausgewogen, gesund, dieser Ernährungsweise gemäß und mit modernen Zubereitungsmethoden versorgen können, ohne auf Genuss verzichten zu müssen.

Die ursprüngliche Ernährung

Aber warum eigentlich sollte man so essen, wie es schon unsere Urahnen taten? Kurz gefasst lautet die Antwort: Weil der menschliche Körper noch immer auf genau diese Ernährungsweise eingespielt ist und mit ihr am allerbesten zurechtkommt.

Seit etwa 2,5 Millionen Jahren gibt es uns Menschen schon auf der Erde. Doch erst vor gut 10.000 Jahren haben wir damit begonnen, Pflanzen anzubauen und Nutzvieh zu halten. Verglichen mit der gesamten Existenz der Menschheit auf der Erde ist das eine verschwindend geringe Zeitspanne. Und erst in den letzten hundert Jahren hat uns die industrielle Revolution stark verarbeitete und damit degenerierte Lebensmittel beschert – kürzer als ein Wimpernschlag in der Menschheitsgeschichte.

Das bedeutet, dass wir Menschen uns die allerlängste Zeit unserer Existenz nur von dem ernähren konnten, was uns die Umgebung geboten hat: Als Jäger haben wir das Fleisch wilder Tiere verzehrt, haben Fische und Meeresfrüchte gefangen, Eier, Gemüse, Obst, Nüsse, Pilze und andere pflanzliche Lebensmittel gesammelt. An diese Art der Ernährung haben wir uns über die Jahrmillionen angepasst und gut damit gelebt. Sie ist noch immer in unseren Genen fest verankert.

Steinzeitmenschen waren fit

Dass unser Körper offensichtlich nicht nur an die in der Steinzeit übliche Ernährung am besten angepasst ist, sondern sie für uns auch die beste zu sein scheint, bestätigen auch paläontologische Forschungen. Bei der Untersuchung von Schäden durch Zivilisationskrankheiten an Skeletten aus verschiedenen menschheitsgeschichtlichen Entwicklungsstufen machten Forscher eine erstaunliche Entdeckung: Solche Knochen, die aus einer Zeit stammten, in der Ackerbau und Viehzucht noch nicht existierten, wiesen weit weniger Anzeichen der typischen Zivilisationskrankheiten auf als solche von Menschen, die die Landwirtschaft schon kannten. Steinzeitmenschen waren muskulöser und größer, hatten gesündere Zähne und keinerlei Anzeichen von Herz-Kreislauf-Erkrankungen. Später, als die Menschheit sesshaft wurde und mit dem Anbau von Getreide und anderen Kulturpflanzen begann, nahm die Knochendichte ab und Karies, Gefäßverkalkung und andere degenerative Krankheiten waren häufiger festzustellen.

War etwa die Umstellung auf eine andere Ernährung daran beteiligt?

Wie fit sind wir heute?

Heute sind diese Erkrankungen noch viel häufiger zu beobachten, sie gehören geradezu schon zu unserem Alltag, denn die industrielle Nahrungsmittelproduktion hat unsere Ernährungssituation in vielerlei Hinsicht weiter verschlechtert. Seit die starke Verarbeitung von Lebensmitteln so einfach und billig geworden ist, sind beispielsweise raffinierter Zucker und stark ausgemahlenes Mehl mit einem minimalen Anteil wertvoller Mineralien und Vitamine für uns selbstverständlich. Die Menge an Kohlenhydraten in der Ernährung hat immer weiter zugenommen, die Behandlung von Pflanzen mit Pestiziden und die von Tieren mit Antibiotika und Hormonen sind heute gang und gäbe. All das ist unnatürlich und kann unserem Körper nicht guttun.

Paleo wirkt

Viele Menschen, die auf die steinzeitliche Ernährungsweise umgestellt haben, berichten von bemerkenswerten gesundheitlichen Verbesserungen. Allergien und Autoimmunerkrankungen werden gemildert, Blutdruck und Blutzuckerspiegel sinken auf Normalmaß, die Verdauung normalisiert sich, das Hautbild wird reiner, sogar die Stimmung verbessert sich und es kommt wieder neuer Schwung ins Leben. Obwohl die Paleo-Ernährung keine Diät, sondern eine dauerhafte Ernährungsumstellung ist, wird sie auch sehr erfolgreich und kurzfristig zur Gewichtsreduktion eingesetzt.

Zurück zu den Wurzeln!

Was diese Erfolgsmeldungen zeigen, ist, dass man den Blick sehr weit zurückwerfen muss, wenn man sich gesund ernähren will. Wir müssen uns fragen, was unser Körper wirklich braucht, aber auch, was er nicht braucht oder was ihm sogar schadet. Eine abwechslungsreiche Ernährung mit wenigen Kohlenhydraten, viel Gemüse und Obst, aber auch Fleisch und Fisch, Eiern, Pilzen, Beeren und Nüssen, wie sie unsere Vorfahren praktiziert haben, ist die Antwort.

Wie ist es heute?

All diese guten Lebensmittel gehören auch zu einer modernen Ernährung dazu, aber das Gleichgewicht ist zugunsten der „neueren" Nahrungsmittel verschoben. Diese sind vor allem Getreide und andere kohlenhydratreiche Lebensmittel sowie Milch und Milchprodukte. Gerade das glutenhaltige Getreide kommt heute zu einem so großen Anteil wie noch nie auf unsere Teller. Es ist kein Zufall, dass heute immer mehr Menschen auf genau diese Lebensmittel mit Unverträglichkeiten und Allergien reagieren.

Nur gute Lebensmittel

Da unser Körper an diese Lebensmittel noch immer nicht gut genug angepasst ist, werden sie im Körper nicht optimal verdaut und verwertet. Dadurch kann der Körper aus dem Gleichgewicht geraten, Stoffwechselentgleisungen wie Diabetes, Herz-Kreislauf-Erkrankungen, Magen-Darm-Beschwerden, Krebs, Autoimmunerkrankungen oder Übergewicht entwickeln sich und wir bekommen es mit Allergien und Unverträglichkeiten zu tun. Andere Lebensmittel enthalten Stoffe, die die Verdauung hemmen oder die Aufnahme von Mineralstoffen vermindern und sind deshalb nicht gut für den Körper.

In der Paleo-Ernährung kommen daher nur die Lebensmittel auf den Tisch, die der menschliche Körper schon seit Anbeginn kennt und an die er optimal angepasst ist. Also nur die Lebensmittel, die ihm uneingeschränkt guttun.

Deshalb werden auch verarbeitete Lebensmittel so weit wie möglich gemieden. Solche, die erst seit der Erfindung der Landwirtschaft vor mehr als 10.000 Jahren vermehrt gegessen wurden, werden ausgeklammert und es wird auf diejenigen verzichtet, die verdauungshemmende Stoffe enthalten.

Das steht auf dem Paleo-Speiseplan

Gemüse

Aus der reichhaltigen Gemüseauswahl darf uneingeschränkt genossen werden. Gemüse sollte so häufig wie möglich auf den Tisch kommen. Frisches Gemüse hat viele wichtige Mineralien, Spurenelemente, Vitamine und Ballaststoffe. Bei stärkereichen Sorten wie Süßkartoffeln und Kürbis sollten Sie Zurückhaltung üben, wenn Sie abnehmen möchten.

Obst

Obst hat mit seinem Gehalt an Vitaminen, Spurenelementen, Mineral- und Ballaststoffen zwar dieselben Vorteile wie Gemüse, aber leider auch den Nachteil, je nach Sorte recht viel Fruchtzucker zu enthalten. Deshalb ist Obst wegen seiner vielen gesunden Inhaltsstoffe zwar ein Bestandteil der Paleo-Ernährung, sollte allerdings eher eine Nebenrolle spielen. Der Zucker lässt den Blutzuckerspiegel steigen und kann damit Übergewicht fördern. Gerade bei Gewichtsproblemen sollte man bei Obst die Sorten wählen, die weniger Zucker enthalten, das sind vor allem Beerenobst und Zitrusfrüchte. Besonders viel Zucker enthalten Südfrüchte wie Bananen, Mangos, Ananas etc.

Fleisch

Fleisch war für unsere steinzeitlichen Vorfahren eine wichtige Eiweißquelle. Es enthielt nur gute Inhaltsstoffe, so zum Beispiel gesunde Fette, Vitamine und viel wertvolles Eiweiß.

Heute sollte man daher beim Fleischeinkauf sehr sorgfältig prüfen, wie die Tiere aufgewachsen sind und was sie fressen durften. Wiederkäuer wie Kühe, Schafe oder

Ziegen sollten aus Weidehaltung stammen und möglichst nur Gras gefressen haben, Geflügel und Schweine sollten aus Freilandhaltung stammen. Biofleisch ist da meistens die beste Wahl. Auch Wildfleisch ist hervorragend.

Fisch und Meeresfrüchte

Auch bei Fisch und bei Meeresfrüchten wie Shrimps, Garnelen und Muscheln sollte man einen Blick auf die Herkunft werfen. Fisch aus herkömmlichen Aquakulturen wird häufig mit Antibiotika behandelt, den sollte man vermeiden. Deutlich besser ist Fisch aus Bio-Aquakulturen oder aus Wildfang. Wegen des wertvollen Eiweißes und wichtiger Omega-3-Fettsäuren darf Meeresgetier öfter auf den Tisch kommen.

Eier

Wegen ihres Eiweißgehaltes, wertvoller Fette und Vitamine sind Eier sehr gesund. Sie dürfen reichlich gegessen werden. Der Zusammenhang von Eierverzehr und hohem Cholesterinspiegel ist übrigens keineswegs bewiesen. Im Gegenteil: Nicht wenige Menschen reagieren auf einen hohen Eierkonsum sogar mit einer Senkung des Cholesterinspiegels, was auf den Gehalt an Lecithin zurückgeführt wird. Im Übrigen übt der Cholesteringehalt in der Nahrung nur einen sehr geringen Einfluss auf den Cholesterinspiegel aus.

Nüsse und Samen

Grundsätzlich sind sie gut wegen ihrer gesunden Fettsäuren, sie sind aber auch sehr energiereich und können gerade dann, wenn auf das Gewicht geachtet werden soll, für unerwünschte Fettpölsterchen sorgen. Da sie außerdem auch solche Nährstoffe besitzen, die verdauungshemmend sind, sollte die tägliche Menge eine Handvoll nicht übersteigen.

Fette und Öle

Hier spielt eine günstige Zusammensetzung der verschiedenen Fettsäuren eine große Rolle. Kokosöl ist in der Paleo-Ernährung besonders zu empfehlen. Es hat einen hohen Anteil an mittelkettigen Fettsäuren, die besonders gut verdaulich sind und den Insulinspiegel regulieren. Auch Olivenöl hat gute Eigenschaften, ist aber für starkes Erhitzen weniger geeignet. Ghee, das ist geklärte Butter bzw. Butterschmalz, sowie Butter sind als einzige Milchprodukte zu empfehlen. Sie enthalten weder Laktose noch Eiweiß und sind daher gut verträglich.

… und das steht nicht auf dem Paleo-Speiseplan

Getreide

Alle Getreide- und Pseudogetreidearten (siehe Tabelle S. 18/19) werden wegen ihrer negativen gesundheitlichen Auswirkungen in der Paleo-Ernährung vermieden. Warum? Ihr hoher Kohlenhydratgehalt bringt den Blutzuckerspiegel aus dem Gleichgewicht und kann über kurz oder lang zu Diabetes und Übergewicht führen. Die echten Getreidearten enthalten Gluten, ein Klebereiweiß, auf das immer mehr Menschen mit Unverträglichkeitssymptomen reagieren, die nur durch den kompletten Verzicht auf Getreide und Getreideprodukte vermieden werden können.

Alle Getreide- und Pseudogetreidearten enthalten außerdem pflanzeneigene Abwehrstoffe, die Parasiten von der Pflanze abwehren. Leider wirken sie aber auch hemmend auf die Verdauung und binden Mineralstoffe. Was ist mit Ballaststoffen, die in Vollkorn stecken und so häufig als besonders wichtig für eine gesunde Ernährung empfohlen werden? Sie fehlen nicht, denn die weitaus besseren Ballaststoffquellen sind Obst und Gemüse, die bei der Paleo-Ernährung reichlich auf den Tisch kommen. Die darin enthaltenen löslichen Ballaststoffe haben dazu noch den Vorteil, Cholesterin zu binden.

Kartoffeln und Reis

Wegen ihres hohen Kohlenhydratgehaltes werden auch Kartoffeln und Reis in der Paleo-Ernährung weitgehend gemieden. Weil beide außer Kohlenhydraten eher wenige wertvolle Inhaltsstoffe besitzen, würden sie wenig Beitrag zu einer gesunden Ernährung leisten.

Hülsenfrüchte

Wie Getreide enthalten auch Hülsenfrüchte antinutritive Stoffe, die nicht nur die Verdauung hemmen, sondern sogar den Darm schädigen können. Die direkten Auswirkungen von Hülsenfrüchten auf die Verdauung kennt wohl jeder: Blähungen nach einer Mahlzeit mit Bohnen, Linsen oder Soja sind eine spürbare Auswirkung einer nicht abgeschlossenen Verdauung. Auch der hohe Kohlenhydratgehalt, den Hülsenfrüchte aufweisen, spricht gegen sie. Ausnahmen sind frische grüne Bohnen und Zuckerschoten, deren Nährstoffzusammensetzung für Hülsenfrüchte untypisch und besser in die Paleo-Ernährung passend ist.

Süßungsmittel, Süßigkeiten, süße Getränke

Zucker ist ein reines Kohlenhydrat und hat keinerlei positive Nährwerte, dazu zählen auch Zuckerrübensirup und Agavendicksaft. Süßstoffe sind stark verarbeitete künstliche Lebensmittel ohne Nährwert und gehören daher nicht zur natürlichen Paleo-Ernährung. Das gilt genauso für Süßigkeiten und gesüßte Getränke aller Art, auch Saftschorlen.

Ausnahmsweise dürfen Honig oder Ahornsirup zum moderaten Süßen verwendet werden, denn sie besitzen neben den Kohlenhydraten wertvolle Antioxidantien.

Milch

Bei dem Thema Milch gibt es unter den Paleo-Experten unterschiedliche Ansichten.

Da Tiermilch für Steinzeitmenschen nicht verfügbar gewesen sein dürfte, wird sie von manchen abgelehnt. Weltweit ist ohnehin nur ein geringer Bevölkerungsanteil in der Lage, Milch zu verdauen. Und es gibt immer mehr Menschen, die den milcheigenen Zucker Laktose nicht vertragen oder allergisch auf Milcheiweiß reagieren. Auch die für das Kalb vorgesehenen Wachstumshormone können negative Effekte ausüben.

Einige Argumente sprechen also gegen die Milch. Wer aber darauf nicht verzichten möchte, sollte auf naturbelassene Produkte achten. Pasteurisierung, Homogenisierung und Ultrahocherhitzung verändern das Naturprodukt zu stark. Am besten ist Rohmilch, die unbehandelt in manchen Bioläden oder manchmal direkt ab Hof erhältlich ist.

In den Rezepten in diesem Buch wird auf Milch und Milchprodukte verzichtet. Ausnahmen sind das nahezu unumstrittene Butterschmalz, also reines Butterfett, sowie Butter.

	positiv	unterschiedliche Bewertung	negativ
Fleisch	uneingeschränkt; möglichst unverarbeitet, möglichst von artgerecht gehaltenen, grasgefütterten Tieren; Wurst ohne Zusatzstoffe (z.B. Chorizo), Beef Jerky, Bündnerfleisch		Wurst mit Zusatzstoffen und Pökelsalz; Fleisch aus konventioneller Tierhaltung mit Silagefütterung, Kraftfutter, Medikamentenbehandlung
Fisch/Meeresfrüchte	uneingeschränkt; aus Wildfang oder Öko-Aquakultur		aus konventioneller Aquakultur
Milch		Rohmilch und Rohmilchprodukte; meist erlaubt: Butterschmalz/Ghee, Butter	stark verarbeitete Produkte (pasteurisiert, homogenisiert, ultrahocherhitzt, ESL); gezuckerte Produkte; Produkte mit Zusatzstoffen
Getreide, Pseudogetreide, Kartoffeln		Kartoffeln	uneingeschränkt: Weizen, Roggen, Gerste, Hafer, Dinkel, Emmer, Einkorn, Reis, Buchweizen, Amarant, Quinoa, Teff

	positiv	unterschiedliche Bewertung	negativ
Getreide, Pseudogetreide, Kartoffeln			alle Getreideprodukte: Brot, Gebäck, Kuchen, Nudeln, Pizza
Mehl	Kastanien-, Johannisbrotkern-, Tapioka-, Pfeilwurzelmehl		alle Getreidemehle, Buchweizenmehl, Teffmehl
Gemüse	uneingeschränkt; bei Diät siehe „eingeschränkt erlaubt"	Süßkartoffeln, Kürbis, Mais	
Hülsenfrüchte		grüne Bohnen, Zuckerschoten	getrocknete Bohnen, Linsen, Soja, Erbsen
Obst	in Maßen	Weintrauben, süße exotische Früchte (Bananen, Mangos)	
Fette, Öle	Kokos-, Oliven-, Palm-, Avocado-, Lein-, Sesam-, Walnuss-, Macadamiaöl, Butterschmalz/Ghee, Butter, Schweine-, Gänse-, Entenschmalz		Sonnenblumenöl, Erdnussöl, Traubenkernöl, Rapsöl

	positiv	unterschiedliche Bewertung	negativ
Getränke	Wasser, Kaffee, Kakao (mit Wasser oder Pflanzenmilch), Kräutertee, Mandelmilch, Kokosmilch		gesüßte Getränke, Saftschorlen, schwarzer und grüner Tee
Eier	uneingeschränkt		
Süßes		Honig, Ahornsirup	Zucker, Süßstoffe, Süßigkeiten
Nüsse, Samen	Wal-, Hasel-, Macadamia-, Para-, Pekannüsse, Cashew-, Pinienkerne, Kastanien		Erdnüsse
Verarbeitetes	Butterschmalz/Ghee, Dosentomaten, Kokosmilch aus der Dose, Wurst ohne künstliche Zusatzstoffe		alle anderen

Verarbeitete Lebensmittel

Die Paleo-Ernährung legt großen Wert auf die Natürlichkeit der Lebensmittel. Es kommen nach Möglichkeit nur frische, unverarbeitete Lebensmittel zum Einsatz, die in der eigenen Küche mit schonenden Methoden zu leckeren Mahlzeiten verarbeitet werden. Zusatzstoffe wie Konservierungs- und Farbstoffe, Geschmacksverstärker und andere Zusätze sind nicht nur unnötig, sondern auch ungesund. Ein paar wenige verarbeitete Lebensmittel sind aber ohne Einschränkung erlaubt, da sie durch die Verarbeitung keine Verluste erfahren haben, erst so genießbar werden oder hierzulande nur so verfügbar sind. Neben dem schon erwähnten Butterschmalz sowie der Butter sind das eingelegte Oliven, Tomaten und Kokosmilch aus der Dose und traditionell hergestellte Würste ohne Zusatzstoffe.

So stellen Sie Ihre Ernährung um

Nun kennen Sie die Grundzüge der modernen Steinzeiternährung und können gleich loslegen. Seien Sie drauf vorbereitet, dass der Anfang nicht leicht sein wird, denn Sie müssen einiges radikal weglassen, was bisher einen großen Teil Ihrer Ernährung ausgemacht hat. Auch wenn es schwerfällt, bleiben Sie unbedingt dabei!

Eine Einführungsphase von 30 Tagen hat sich bewährt, denn diese Zeit braucht der Körper für die Umstellung. Seien Sie in dieser Zeit konsequent und Sie werden sehr wahrscheinlich danach an der neuen Ernährungsform Gefallen finden. Nehmen Sie in diesen 30 Tagen nur die Lebensmittel in Ihre Ernährung auf, die uneingeschränkt empfohlen werden.

So fangen Sie an

Wählen Sie einen passenden Zeitraum aus, in dem keine opulenten Feste oder Feierlichkeiten anstehen, während derer Sie schwach werden könnten. Dann räumen Sie radikal alle Vorräte aus (vielleicht freuen sich Nachbarn oder Freunde darüber) und lassen nur noch Paleo-Lebensmittel in Kühlschrank und Vorratsschränken. Im Anschluss machen Sie sich eine Liste aller Paleo-konformen Lebensmittel und gehen einkaufen. Wählen Sie besonders das aus, was Sie gerne mögen und legen Sie sich auch ausreichend Vorräte für den plötzlichen Hunger zu, die jederzeit verfügbar sind. Suchen Sie sich auch schon mal Restaurants und Imbisse heraus, die zu Ihrer neuen Ernährungsform passen.

So machen Sie weiter

Wählen Sie Ihre Lieblingsrezepte aus und planen Sie schon ein paar Tage im Voraus die Mahlzeiten, die Sie ausprobieren möchten. Das erhöht die Vorfreude und macht das Durchhalten leichter. Denken Sie daran: Werden Sie niemals schwach, vermeiden Sie auf jeden Fall alles, was nicht zu Paleo gehört, darunter in diesen

30 Tagen auch Milchprodukte. Jeder kleine Rückfall kann den Körper wieder an diese Lebensmittel gewöhnen. Wenn Sie Heißhunger verspüren, was am Anfang durchaus vorkommen kann, versuchen Sie, sich schon bei den Hauptmahlzeiten satt zu essen, damit Sie nicht zu viele Snacks zwischendurch brauchen.

In dieser Zeit versuchen Sie möglichst, Stress zu vermeiden, gönnen sich viel Schlaf und Ruhe. Belohnen Sie sich auch hin und wieder mit schönen Dingen, setzen Sie auf eine abwechslungsreiche Freizeitgestaltung und trinken Sie viel.

Und danach?

Paleo ist wie gesagt keine Diät, sondern eine dauerhafte Ernährungsumstellung, die Sie uneingeschränkt weiterführen können. Es kann aber auch als Entgiftungsphase gesehen werden, die den Körper wieder fit macht, für gute Ernährung sensibilisiert und nach den 30 Tagen weniger streng fortgesetzt werden kann.

Wenn Sie nach den 30 Tagen noch immer bestimmte Lebensmittel vermissen, können Sie versuchen, Sie wieder langsam einzuführen. Es ist möglich, dass diese Lebensmittel dann wieder besser vertragen werden, weil über die 30 Tage eine Entgiftung stattgefunden hat. Erweitern Sie Ihren Speiseplan aber nach und nach, führen Sie einzelne Lebensmittel im Abstand von mehreren Tagen ein. Fangen Sie zum Beispiel mit hochwertigen Milchprodukten an. Später können Sie es auch mit Buchweizen und Reis versuchen. So finden Sie am besten heraus, welche Lebensmittel Sie wirklich nicht vertragen.

Paleo außer Haus

Die Paleo-Ernährung zu Hause umzusetzen ist einfach, wenn man die richtige Lebensmittelauswahl hat und die nötige Zeit dafür da ist, sich daraus eine leckere Mahlzeit zuzubereiten. Schwieriger wird es unterwegs für den kleinen Hunger zwischendurch, denn die meisten angebotenen Snacks sind nicht Paleo. Auch im Restaurant muss man häufiger ein Extrawürstchen bestellen. Hier ein paar Tipps.

Unterwegs

Wenn Sie länger unterwegs sind, nehmen Sie sich immer einen Snack mit. Das können einfach Nüsse oder Gemüsesticks sein, oder aber etwas schon vorbereitetes Gekochtes. In einer Plastikbox verpackt kann man fast alles transportieren. Wenn Sie keine Möglichkeit zum Aufwärmen haben, dann eignen sich zum Beispiel Salate, Frikadellen, Paleo-Muffins, Beef Jerky, gekochte Eier oder Energieriegel. Kaufen können Sie fast überall Nüsse, frisches Obst oder Gemüse und sogar hart gekochte Eier.

Im (Fast-Food-)Restaurant

Burger, Döner und Gyros können Sie ohne Brot bestellen. Hier können Sie zwar nicht davon ausgehen, eine besonders gute Fleischqualität zu bekommen, aber solange Sie den Besuch eines Fast-Food-Restaurants eine Ausnahme sein lassen, ist das tolerierbar. Das gilt auch für andere Imbisse, bei denen Sie zum Beispiel ein Grillhähnchen bestellen können. Beim Italiener oder Griechen können Sie sich an die Salatauswahl halten, es gibt aber auch viele Fleisch- und Fischgerichte, bei denen Sie die Getreidebeilagen einfach weglassen.

In der Kantine

Sie können hier zwar auch Fleisch und Gemüse ohne die Stärkebeilage wählen, doch in den seltensten Fällen wird die Fleischqualität den Ansprüchen genügen. Oft sind Salat und Rohkost im Angebot und meistens eine bessere Wahl als Fleisch von weniger guter Qualität. Aus dem Angebot an vegetarischen Gerichten kann man sich für Gemüse ohne Stärkebeilage entscheiden.

Bei der Arbeit

Frequentieren Sie die Kantine nicht zu häufig, sondern versorgen Sie sich lieber selbst mit gesunden, selbst zubereiteten Mahlzeiten. Vielleicht haben Sie eine Möglichkeit, Essen aufzuwärmen. Dann denken Sie schon am Abend zuvor daran, einfach etwas mehr zuzubereiten und am nächsten Tag bei der Arbeit noch mal aufzuwärmen. Manche Mahlzeiten können auch kalt noch gut schmecken (siehe auch „Unterwegs"). Oder nehmen Sie sich Reste vom Frühstück mit – sogar Rührei schmeckt kalt sehr gut!

Frühstück

Ob Müsli, Brot oder Pfannkuchen:
Die typischen Frühstücksleckereien müssen
auch auf dem Paleo-Frühstückstisch
nicht fehlen.

Knusper-Nussmüsli

Für 8–10 Portionen
90 g Cashewkerne
75 g Haselnüsse
75 g Mandeln
55 g Sonnenblumenkerne
50 g Kokosraspel
40 g Kokosöl
1 El Honig
½ Tl gemahlene Vanille
½ Tl Salz

Zubereitungszeit ca. 35 Minuten
(plus Kühlzeit)
Pro Portion ca. 275 kcal/1142 kJ
6 g E, 24 g F, 6 g KH

Den Backofen auf 140 °C Ober-/Unterhitze (Umluft 120 °C) vorheizen. Nüsse, Mandeln, Sonnenblumenkerne und Kokosraspel zusammen in der Küchenmaschine oder dem Mixer zerkleinern.

Das Kokosöl in einem kleinen Topf bei mittlerer Hitze zerlassen und zusammen mit Honig und Vanille in einer Schüssel vermischen. Die zerkleinerte Nussmischung zugeben und damit verrühren. Die Mischung auf einem mit Backpapier belegten Blech verteilen und 20–25 Minuten im Ofen backen, dabei einige Male umrühren. Wenn die Masse etwas braun geworden ist, aus dem Ofen nehmen und leicht salzen. Mit einem sauberen Küchentuch bedecken und mit den Händen flach drücken. Etwa 20 Minuten abkühlen lassen. In Stücke brechen und portionsweise mit Mandel- oder Kokosmilch genießen.

Knusper-Kokosmüsli

Für 8–10 Portionen

6 Eiweiß

Steviapulver
(Menge nach Wunsch)

300 g Kokosraspel

60 g gehackte Mandeln

30 g Sonnenblumenkerne

30 g Kürbiskerne

1 El Mandelmehl

Zubereitungszeit ca. 1 Stunde
10 Minuten (plus Kühlzeit)

Pro Portion ca. 276 kcal/1148 kJ

7 g E, 26 g F, 3 g KH

Den Backofen auf 140 °C Ober-/Unterhitze (Umluft 120 °C) vorheizen. Die Eiweiße mit Stevia nach Wunsch vermischen. Kokosraspel, Mandeln, Sonnenblumen- und Kürbiskerne sowie das Mandelmehl in einer Schüssel vermischen. Eiweiße zugeben und unterrühren.

Die Mischung auf einem mit Backpapier belegten Blech verteilen und 50–60 Minuten im Ofen backen, dabei einige Male umrühren. Wenn die Masse etwas braun geworden ist, aus dem Ofen nehmen. Mit einem sauberen Küchentuch bedecken und mit den Händen flach drücken. Etwa 20 Minuten abkühlen lassen. In Stücke brechen und portionsweise mit Mandel- oder Kokosmilch genießen.

Apfelpancakes

Für 6 Stück

140 g Haselnüsse
2 ½ El Kokosöl und etwas
zum Ausbacken
1 El Kokosmehl
8 Eier (Größe M)
150 g Apfelmus
1 kleiner leicht säuerlicher Apfel

Zubereitungszeit ca. 30 Minuten
Pro Portion ca. 357 kcal/1465 kJ
12 g E, 29 g F, 10 g KH

Nüsse, Kokosöl, Kokosmehl, Eier und Apfelmus zusammen im Mixer pürieren. Den Apfel waschen, vierteln, das Kerngehäuse entfernen und die Viertel in sehr feine Scheiben schneiden. Unter den Teig heben.

Kokosöl in einer Pfanne bei mittlerer Hitze erhitzen. Ein Sechstel des Teigs in die Pfanne geben und 6–7 Minuten auf einer Seite backen, dann vorsichtig wenden und noch etwa 3 Minuten goldbraun backen. Auf diese Weise nach und nach 6 Pancakes ausbacken.

Tipp: Die Pancakes schmecken sowohl süß als auch mit herzhaften Zutaten, zum Beispiel mit gebratenem Speck.

Warmer Bananen-Nuss-Frühstücksbrei

Für 4 Portionen
50 g Cashewkerne
50 g Paranüsse
50 g geschälte Mandeln
400 ml Kokosmilch
2 reife Bananen
4 Tl Zimt

Zubereitungszeit ca. 15 Minuten
(plus Einweichzeit)
Pro Portion ca. 292 kcal/1222 kJ
7 g E, 20 g F, 19 g KH

Die Nüsse in einer großen Schüssel fingerbreit mit Wasser bedecken. Abdecken und über Nacht einweichen.

Am nächsten Morgen das restliche Wasser abgießen und die Nüsse in einem Sieb unter fließendem Wasser abspülen, bis das Wasser klar ist. Dann in einem Mixer zerkleinern.

Die Kokosmilch in einem Topf bei schwacher bis mittlerer Hitze erwärmen, aber nicht aufkochen lassen. Bananen schälen, zerdrücken und zusammen mit den gemahlenen Nüssen und dem Zimt zufügen. Alles erwärmen und servieren.

Kastanien-Mandel-Brot

**Für 1 Brot
(ca. 12 Scheiben)**
300 g Kastanienmehl
140 g Mandelmehl
30 g Pfeilwurzelmehl
1 Tl Salz
1 gehäufter El Backpulver
2 El getrockneter Rosmarin
80 ml Kokosöl
3 Eier (Größe M)
275 ml Mandelmilch
1 El frisch gepresster Zitronensaft
125 g gehackte Walnüsse

Zubereitungszeit ca. 50 Minuten
Pro Scheibe ca. 266 kcal/1064 kJ
9 g E, 18 g F, 15 g KH

Den Backofen auf 180 °C Ober-/Unterhitze (Umluft 160 °C) vorheizen. Eine Kastenform mit Backpapier auslegen.

Alle trockenen Zutaten bis auf die Walnüsse gründlich miteinander vermischen.

Das Kokosöl leicht erhitzen, bis es flüssig ist. In einer zweiten Schüssel mit den Eiern, der Mandelmilch und dem Zitronensaft vermischen. Dann diese Zutaten mit den trockenen Zutaten verrühren. Zuletzt die Walnüsse unterheben.

Den Teig in die Backform geben und im Ofen 35–40 Minuten backen. Aus dem Ofen nehmen, etwas abkühlen lassen und aus der Form stürzen.

Rosinen-Süßkartoffel-Brot

Für 1 Brot
(ca. 12 Scheiben)
600 g Süßkartoffeln
Salz
100 g Kokosmehl
6 Eier (Größe M)
120 g Kokosöl
2 Tl Backpulver
2 El frisch gepresster Zitronensaft
3 Tl Zimt
2 Tl gemahlene Vanille
80 g Rosinen

Zubereitungszeit ca. 60 Minuten
Pro Portion ca. 220 kcal/922 kJ
6 g E, 14 g F, 18 g KH

Süßkartoffeln waschen, schälen, klein schneiden und etwa 15 Minuten in Salzwasser weich kochen. Dann abgießen und abkühlen lassen.

Den Ofen auf 180 °C Ober-/Unterhitze (Umluft 160 °C) vorheizen. Eine Kastenform mit Backpapier auslegen.

Alle Zutaten bis auf die Rosinen im Mixer gründlich vermischen. Dann die Rosinen unterheben.

Den Teig in die Form füllen und 40–50 Minuten backen (Stäbchenprobe machen). Etwas abkühlen lassen, dann aus der Form stürzen.

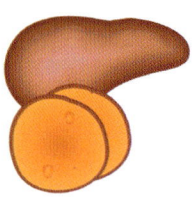

Erdbeer-Kokos-Smoothie

Für 2 Gläser
200 g Erdbeeren
frisch gepresster Saft
von 3 Orangen
1 El Limettensaft
100 ml Kokosmilch

Zubereitungszeit ca. 10 Minuten
Pro Portion ca. 115 kcal/483 kJ
3 g E, 1 g F, 21 g KH

Die Erdbeeren waschen, putzen und in Stücke schneiden. Erdbeeren mit dem Orangen- und Limettensaft und der Kokosmilch mit dem Pürierstab fein pürieren. In 2 Gläsern servieren.

Schockmok-Vanille-Smoothie

Für 2 Gläser

1 kleine Banane
½ kleine Avocado
200 ml kalter gebrühter Kaffee
½ Tl gemahlene Vanille
2 Tl Kakaopulver
etwas zerstoßenes Eis

Zubereitungszeit ca. 10 Minuten
Pro Portion ca. 150 kcal/626 kJ
4 g E, 9 g F, 13 g KH

Die Banane schälen und das Avocado-Fruchtfleisch aus der Schale lösen. Beides mit allen anderen Zutaten im Mixer gut zerkleinern. In 2 Gläsern servieren.

Salate & Snacks

Gemüse, Fleisch, Fisch und Eier
bieten viel Abwechslung für Salate und Snacks
jeder Art und dazu eine Menge Vitamine!

Chorizo-Kohl-Salat

Für 4 Portionen

1 Brokkoli
1 kleiner Blumenkohl
Salz
1 rote Zwiebel
½ Knoblauchzehe
½ rote Chili
250 g Chorizo
Kokosöl zum Braten
2 El Rotweinessig
frisch gemahlener
schwarzer Pfeffer

Zubereitungszeit ca. 25 Minuten
Pro Portion ca. 347 kcal/1452 kJ
13 g E, 29 g F, 8 g KH

Brokkoli und Blumenkohl putzen, waschen und in Röschen teilen. Die Stiele schälen und in Stücke schneiden. Das Gemüse in kochendem Salzwasser etwa 2 Minuten blanchieren.

Die Zwiebel schälen und würfeln. Den Knoblauch schälen und in feine Scheiben schneiden. Die Chili waschen, trocken tupfen, längs halbieren, Kerne und Scheidewände sowie Stielansätze entfernen und das Fruchtfleisch sehr fein würfeln. Die Chorizo in Scheiben schneiden.

Das Kokosöl in einer Pfanne erhitzen und Zwiebel, Knoblauch, Chili und Chorizo unter gelegentlichem Rühren bei mittlerer Hitze darin leicht braun braten. Dann mit dem Essig ablöschen.

Das blanchierte Gemüse darübergeben und kurz mitbraten. Mit Salz und Pfeffer abschmecken.

Makrelensalat
mit Roter Bete

Für 4 Portionen
Für das Gewürzsalz
1 El Sesam
½ Tl schwarze Pfefferkörner
½ Tl Kreuzkümmel
½ Tl Koriandersamen
½ Tl grobes Meersalz

Für den Salat
400 g kleine Rote-Bete-Knollen
Salz
3 El Apfelessig
1 Tl Honig
frisch gemahlener
schwarzer Pfeffer
100 ml Olivenöl
2 Tl Zitronensaft
3 Minzezweige
3 El Kokosöl
1 Knoblauchzehe
4 küchenfertige kleine Makrelen
(à ca. 120 g)
2 Rosmarinzweige

Zubereitungszeit ca. 50 Minuten
Pro Portion ca. 492 kcal/2060 kJ
22 g E, 40 g F, 9 g KH

Für das Gewürzsalz Sesam, Pfeffer, Kreuzkümmel und Koriander in einer Pfanne ohne Fett kurz zusammen rösten. Dann abkühlen lassen und im Mörser grob zerstoßen und mit dem Salz vermischen.

Die Rote Bete waschen und ungeschält in kochendem Salzwasser ca. 30 Minuten garen. Dann die Knollen abkühlen lassen, die Schale unter fließendem Wasser mit den Händen abreiben und das Fruchtfleisch in Scheiben schneiden. (Am besten tragen Sie Handschuhe, da Rote Bete sehr stark färbt.) Den Essig mit Honig, Gewürzsalz, Pfeffer, Olivenöl und Zitronensaft verrühren. Die Minze waschen, trocken schütteln, die Blättchen abzupfen, klein schneiden und unterrühren. Das Dressing über die Rote Bete geben, vermischen und 15 Minuten ziehen lassen.

In der Zwischenzeit das Kokosöl in einer Pfanne erhitzen. Den Knoblauch andrücken und kurz in der Pfanne anbraten, aber nicht braun werden lassen. Die Makrelen von beiden Seiten salzen, pfeffern und im Kokosöl 4–5 Minuten auf jeder Seite braten. In den letzten beiden Minuten die Rosmarinzweige zugeben.

Das Fischfleisch leicht abkühlen lassen, zerzupfen und über dem Rote-Bete-Salat anrichten.

Avocado-Hähnchen-Salat mit Mango

Für 4 Portionen

1 Stück Ingwerwurzel
(ca. 2 cm lang)
1 rote Chilischote
3 El Kokosöl
3 Hähnchenbrustfilets (à 130 g)
Salz
1 El edelsüßes Paprikapulver
6 Thymianzweige
2 Tl Honig
1 Radicchio
1 Mango
1 Avocado
3 El frisch gepresster Zitronensaft
frisch gemahlener Pfeffer
6 El Olivenöl
2 El Sesam

Zubereitungszeit ca. 35 Minuten
Pro Portion ca. 621 kcal/2598 kJ
24 g E, 50 g F, 15 g KH

Den Backofen auf 180 °C Ober-/Unterhitze (Umluft 160 °C) vorheizen. Ingwer schälen und in Scheiben schneiden. Chilischote waschen und mehrmals einritzen.

Das Kokosöl in einer ofenfesten Pfanne erhitzen und die Hähnchenbrüste mit Salz und Paprikapulver von allen Seiten einreiben. Dann zusammen mit Ingwer, der ganzen Chilischote und dem Thymian bei mittlerer bis starker Hitze 5 Minuten von allen Seiten leicht braun braten.

Hähnchenbrüste mit dem Honig beträufeln und die Pfanne 15–20 Minuten in den Ofen stellen.

In der Zwischenzeit Radicchio putzen, waschen, trocken schütteln und die Blätter grob zerkleinern. Die Mango schälen, das Fruchtfleisch vom Kern schneiden und würfeln. Die Avocado schälen, den Kern herauslösen und das Fruchtfleisch in Scheiben schneiden. Avocado mit 1 El Zitronensaft beträufeln.

Restlichen Zitronensaft mit 2 El Wasser, Salz, restlichem Honig, Pfeffer und Olivenöl verrühren.

Radicchio, Mango, Avocado und Sesam in einer Schüssel vermischen und mit dem Dressing beträufeln. Die Hähnchenbrüste in Scheiben schneiden und auf den Salat legen.

Indischer Tomaten-Krautsalat

Für 4 Portionen

1 große getrocknete Dattel
ohne Stein
1 kleiner Weißkohl
3 Tomaten
60 g Kokosraspel
30 g Mandelmehl
frisch gepresster Saft
von 1 Zitrone
2 El Olivenöl
½ Tl gemahlene braune
Senfsamen
½ Tl gemahlener Kreuzkümmel
1 El gehackte Jalapeño-Chili
Salz

Zubereitungszeit ca. 15 Minuten
(plus Einweichzeit)
Pro Portion ca. 250 kcal/954 kJ
5 g E, 18 g F, 11 g KH

Die Dattel etwa 30 Minuten in Wasser einweichen. Dann in einer kleinen Schüssel mit einer Gabel zerdrücken. Weißkohl putzen, waschen und fein hacken, Tomaten waschen, putzen und würfeln. Beides mit Kokosraspeln und Mandelmehl in einer Schüssel vermischen.

Die zerdrückte Dattel mit allen anderen Zutaten bis auf Kohl und Tomaten zu einem Dressing verrühren. Dann das Dressing über den Kohl und die Tomaten geben und alles mischen.

Eier-Avocado-Salat

Für 4 Portionen

8 Eier
6 Scheiben Schinkenspeck
2 kleine Avocados
1 Knoblauchzehe
Salz
100 g Cocktailtomaten
4 Frühlingszwiebeln
frisch gemahlener
schwarzer Pfeffer

Zubereitungszeit ca. 25 Minuten
Pro Portion ca. 439 kcal/1834 kJ
21 g E, 37 g F, 5 g KH

Die Eier hart kochen. Abkühlen lassen, pellen und im Kühlschrank kühl stellen.

In der Zwischenzeit den Schinkenspeck in einer beschichteten Pfanne ohne weitere Fettzugabe knusprig braten und anschließend in kleine Stücke brechen. Die Avocados schälen und den Kern entfernen.

Das Avocado-Fruchtfleisch zusammen mit den Eiern, dem durchgepressten Knoblauch und ½ Tl Salz in einer Schüssel mit einer Gabel zerdrücken und miteinander vermengen. Die Tomaten waschen, halbieren und die Frühlingszwiebeln waschen und in Ringe schneiden.

Tomaten, Frühlingszwiebeln und Schinkenspeck zu der Eiermasse geben und gut vermischen. Mit Salz und Pfeffer abschmecken.

Rindfleischsalat
mit Mandeln

Für 4 Portionen

75 g geschälte Mandeln

75 g getrocknete Datteln ohne Stein

6–7 El Olivenöl

2 El Rotweinessig

Salz

frisch gemahlener schwarzer Pfeffer

150 g Rucola

3 Frühlingszwiebeln

2 Rumpsteaks (à ca. 180 g)

2 Tl rosenscharfes Paprikapulver

2 El Kokosöl

Zubereitungszeit ca. 35 Minuten
Pro Portion ca. 482 kcal/2018 kJ
25 g E, 34 g F, 18 g KH

Die Mandeln in einer Pfanne ohne Fett rösten und grob hacken. Die Datteln fein würfeln. Beides in einer Schüssel mit dem Olivenöl und dem Essig vermischen. Salzen, pfeffern und 20 Minuten ziehen lassen.

In der Zwischenzeit den Rucola waschen, putzen und trocken schleudern. Die Frühlingszwiebeln putzen, waschen, das Weiße und Hellgrüne in dünne Ringe schneiden.

Die Rumpsteaks rundum mit Paprikapulver, Salz und Pfeffer einreiben. Das Kokosöl in einer Pfanne erhitzen und die Steaks darin bei starker Hitze von jeder Seite 1–2 Minuten braten. Sofort in Alufolie wickeln und 3 Minuten ruhen lassen. Den Salat in die Schüssel mit dem Dressing geben und vermischen. Die Steaks in Streifen schneiden und unterheben.

Orientalische Sesam-Hackbällchen

Für ca. 20 Stück

1 Zwiebel
1 Knoblauchzehe
500 g gemischtes Hackfleisch
1 Tl Salz
frisch gemahlener
schwarzer Pfeffer
1 Tl Kurkuma
1 El Harissapaste
1 Ei
1–2 El Kokosmehl nach Bedarf
60 g Sesam
Kokosöl zum Braten

Zubereitungszeit ca. 20 Minuten
Pro Stück ca. 86 kcal/361 kJ
6 g E, 6 g F, 1 g KH

Die Zwiebel schälen und in sehr feine Würfel schneiden. Den Knoblauch schälen und durch die Presse drücken. Beides mit Hackfleisch, Salz, Pfeffer, Kurkuma, Harissa und dem Ei mit den Händen verkneten. Wenn die Masse nicht fest genug ist, nach Bedarf noch etwas Kokosmehl unterkneten.

Etwa 20 Bällchen mit einem Durchmesser von 4–5 cm aus der Hackfleischmasse formen und in dem Sesam wälzen.

Das Kokosöl in einer Pfanne erhitzen und die Bällchen bei mittlerer Hitze etwa 6 Minuten von allen Seiten braten.

Pesto-Brokkoli-Muffins

Für 6 Stück
Für das Pesto
½ Handvoll frisches Basilikum
1 kleine Knoblauchzehe
50 g Mandeln
75 ml Olivenöl
Salz
frisch gemahlener
schwarzer Pfeffer

Für die Muffins
1 Zwiebel
1 El Kokosöl
100 g Brokkoli
100 g Schinkenspeck
4 Eier

Zubereitungszeit ca. 60 Minuten
Pro Stück ca. 170 kcal/712 kJ
9 g E, 14 g F, 1 g KH

Das Basilikum waschen und trocken schütteln. Den Knoblauch schälen. Alle Zutaten für das Pesto mit 2 El Wasser grob hacken, dann in einem Mörser fein zerstoßen oder im Mixer fein mixen.

Den Ofen auf 180 °C Ober-/Unterhitze (Umluft 160 °C) vorheizen. Die Zwiebel schälen und fein hacken.

Das Kokosöl bei mittlerer Hitze in einer Pfanne erhitzen und die Zwiebeln darin glasig dünsten. Den Brokkoli putzen, waschen und klein schneiden, den Schinkenspeck ebenfalls klein schneiden. Beides zu den Zwiebeln geben und solange dünsten, bis der Brokkoli weich ist.

Die Masse zusammen mit den Eiern und 2–3 El des Pestos in einer großen Schüssel vermischen. Das restliche Pesto für eine andere Zubereitung aufbewahren.

Ein 6er-Muffinblech mit Papier-Muffinförmchen auslegen. Den Teig darin verteilen und etwa 30 Minuten backen. Dann aus den Förmchen nehmen. Mit etwas Pesto servieren.

Rosmarinchips

Für 1 kleine Schüssel

2 große, lange, schmale
Süßkartoffeln
1 El Kokosöl und etwas
für das Blech
2 Tl getrockneter Rosmarin
1 Tl grobes Salz

Zubereitungszeit ca. 35 Minuten
Pro Portion ca. 180 kcal/753 kJ
2 g E, 5 g F, 30 g KH

Den Ofen auf 190 °C Ober-/Unterhitze (Umluft 170 °C) vorheizen. Die Süßkartoffeln waschen, schälen, mit einer Mandoline oder einem scharfen Messer in sehr dünne Scheiben schneiden und in eine Schüssel geben. Das Kokosöl in einem kleinen Topf bei schwacher bis mittlerer Hitze zerlassen und abkühlen lassen. Rosmarin und Salz zusammen in einem Mörser zerstoßen. Die Gewürzmischung mit dem abgekühlten flüssigen Öl vermischen. Zu den Süßkartoffelscheiben geben und alles gut vermischen.

Ein Backblech mit Kokosöl fetten und die Süßkartoffelscheiben darauf gleichmäßig verteilen. Im Ofen 10 Minuten backen. Dann das Backblech herausholen und die Chips wenden. Noch mal in den Ofen schieben und erneut 10 Minuten backen. Anschließend das Blech herausholen und alle Chips, die bereits gebräunt sind, auf einem Backrost abkühlen lassen. Die übrigen Chips weitere 3–5 Minuten backen und ebenfalls auf dem Rost abkühlen lassen.

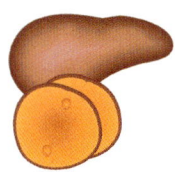

Kokos-Dattel-Nuss-Riegel

Für 10 Stück

125 g Mandeln
60 g Pinienkerne
90 g Kokosraspel
225 g getrocknete Datteln
ohne Stein
3 El Kokosöl

Zubereitungszeit ca. 15 Minuten
(plus Kühlzeit)
Pro Stück ca. 215 kcal/900 kJ
4 g E, 15 g F, 16 g KH

Mandeln, Pinienkerne und 75 g Kokosraspel zusammen in einem Mixer fein mahlen. Herausnehmen, dann die Datteln mit dem Kokosöl im Mixer pürieren. Beide Massen in einer Schüssel mit den Händen verkneten.

In eine rechteckige Form drücken (eine Auflaufform oder eine Plastikbox eignen sich), mit den restlichen Kokosraspel bestreuen und etwas andrücken. Abgedeckt mindestens 1 Stunde in den Kühlschrank stellen. Dann in gleich große Riegel schneiden.

Suppen

Ob mit Fleisch, Geflügel, Fisch
oder Gemüse, ob warm oder kalt:
Bei Suppen sind fast keine Grenzen gesetzt.

Thai-Curry-Suppe
mit Hähnchen

Für 4 Portionen
1 Stück Ingwerwurzel
(ca. 2 cm lang)
2 Knoblauchzehen
2 Zitronengrasstängel
150 g Shiitakepilze
300 g Möhren
200 g Cocktailtomaten
400 g Hähnchenbrustfilet
4 El Kokosöl
4 Tl rote Thai-Currypaste
400 ml ungesüßte Kokosmilch
500 ml Gemüsebrühe
Salz
frisch gemahlener
schwarzer Pfeffer

Zubereitungszeit ca. 25 Minuten
Pro Portion ca. 321 kcal/1346 kJ
25 g E, 18 g F, 15 g KH

Ingwer und Knoblauch schälen und fein würfeln. Das Zitronengras waschen, in lange Stücke schneiden und mit einem Topf flach klopfen. Die Pilze putzen, große Exemplare halbieren. Die Möhren schälen und in schmale Streifen schneiden. Die Tomaten waschen und halbieren. Das Hähnchenbrustfilet in ½ cm dicke Scheiben schneiden.

Das Kokosöl leicht erwärmen, bis es flüssig ist und die Hälfte davon mit der Currypaste vermischen. Das Hähnchenfleisch damit einreiben.

Das Fleisch im übrigen Öl 2 Minuten auf allen Seiten anbraten, dann herausnehmen. Ingwer, Knoblauch, Zitronengras, Pilze und Möhren in den Topf geben und 2 Minuten unter Rühren dünsten. Kokosmilch und Brühe dazugießen und aufkochen. Fleisch und Tomaten zufügen, die Suppe bei mittlerer Hitze weitere 2 Minuten kochen lassen. Mit Salz und Pfeffer würzen.

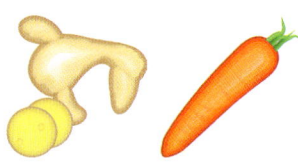

Zucchini-Pilz-Suppe

Für 4 Portionen

1 Zwiebel

2 Knoblauchzehen

1 El Kokosöl

450 g gemischte Pilze
(z. B. Champignons, Shiitake, Pfifferlinge)

1 El getrockneter Thymian

2 Lorbeerblätter

400 g Zucchini

600 ml Geflügelbrühe

200 ml Kokosmilch

Salz

frisch gemahlener schwarzer Pfeffer

Zubereitungszeit ca. 35 Minuten
Pro Portion ca. 357 kcal/1496 kJ
30 g E, 16 g F, 23 g KH

Zwiebel und Knoblauch schälen und fein hacken. Das Öl in einem großen Topf bei mittlerer Hitze zerlassen und Zwiebeln und Knoblauch darin glasig braten.

Die Pilze gründlich putzen, aber nicht waschen und grob hacken. Zusammen mit dem Thymian und den Lorbeerblättern zugeben und etwa 5 Minuten dünsten.

In der Zwischenzeit die Zucchini putzen, waschen und grob würfeln. Zu den Pilzen geben und 5–10 Minuten dünsten, bis sie weich sind. Die Brühe angießen, aufkochen lassen und bei schwacher Hitze 5 Minuten köcheln lassen.

Die Lorbeerblätter aus der Suppe fischen, die Kokosmilch zugeben und wieder etwa 5 Minuten köcheln lassen. Die Suppe mit einem Pürierstab oder im Mixer pürieren und sofort servieren.

Gazpacho

Für 4 Portionen

2 rote Paprikaschoten
1 milde rote Chilischote
1 Salatgurke
1 Knoblauchzehe
300 g Tomaten
1 El Tomatenmark
6 El Olivenöl
Salz
Pfeffer
1 Prise Zucker
1 El Zitronensaft
1 Minzezweig

Zubereitungszeit ca. 20 Minuten
Pro Portion ca. 180 kcal/754 kJ
2 g E, 15 g F, 7 g KH

Die Paprikaschoten und die Chili waschen, trocken tupfen, längs halbieren, Kerne und Scheidewände sowie Stielansätze entfernen. Die Salatgurke schälen und entkernen. Die Knoblauchzehe schälen. Die Tomaten putzen und waschen.

Die Tomaten, die Hälfte der Paprika, ein Drittel der Gurke, die Hälfte der Chilischote und die Knoblauchzehe grob würfeln. Alles mit dem Tomatenmark und 4 El Olivenöl fein pürieren. Nach Bedarf mit etwas kaltem Wasser verdünnen und mit Salz, Pfeffer, Zucker und Zitronensaft abschmecken. Für die Suppeneinlage die restliche Paprika, Chili und Gurke fein würfeln. Die Minze waschen, trocken schütteln und die Blättchen vom Zweig zupfen.

Die Suppe vor dem Servieren noch einmal pürieren, mit dem gewürfelten Gemüse und den Minzblättchen bestreuen und mit dem restlichen Olivenöl beträufeln.

Fischsuppe mit
Paprika und Fenchel

Für 4 Portionen

1 gelbe Paprikaschote
1 rote Paprikaschote
3 Fenchelknollen
6 Tomaten
1 Bund Koriander
6 Minzestängel
3 Zwiebeln
2 Knoblauchzehen
300 g Seelachsfilet
300 g Lachsfilet
2 El frisch gepresster Zitronensaft
Salz
2 El Kokosöl
½ Tl edelsüßes Paprikapulver
1 Döschen Safran (0,1 g)
1 Prise Curry
1,5 l Fischfond
frisch gemahlener
schwarzer Pfeffer

Zubereitungszeit ca. 40 Minuten
Pro Portion ca. 414 kcal/1736 kJ
38 g E, 20 g F, 19 g KH

Die Paprikaschoten waschen, trocken tupfen, längs halbieren, Kerne und Scheidewände sowie Stielansätze entfernen. Fenchel putzen und waschen. Beides in Streifen schneiden. Die Tomaten waschen, entkernen und fein würfeln und die Kräuter hacken. Zwiebeln und Knoblauch schälen und fein würfeln.

Den Fisch in Würfel schneiden, mit dem Zitronensaft beträufeln und salzen.

Das Öl in einem großen Topf bei mittlerer Hitze erhitzen und Zwiebeln und Knoblauch darin andünsten.

Paprika, Fenchel und Tomaten zugeben, Paprikapulver, Safran und Curry kurz mitbraten. Mit dem Fischfond ablöschen und 15 Minuten leise köcheln lassen.

In den letzten 5 Minuten den Fisch und die Kräuter zugeben. Mit Salz und Pfeffer abschmecken.

Gulaschsuppe
mit Sauerkraut

Für 4 Portionen

200 g Rindfleisch
(z.B. Schulter oder Brust)
1 Zwiebel
1 Knoblauchzehe
2 El Schmalz
2 El Tomatenmark
500 ml Fleischbrühe
1 Tl Zimt
1 El edelsüßes Paprikapulver
Salz
frisch gemahlener
schwarzer Pfeffer
1 Prise gemahlener Kreuzkümmel
1 Tl getrockneter Majoran
1 grüne Paprikaschote
250 g frisches Sauerkraut
2 Tl Kümmel

Zubereitungszeit ca. 1 Stunde
15 Minuten
Pro Portion ca. 303 kcal/1270 kJ
23 g E, 21 g F, 6 g KH

Das Rindfleisch in mundgerechte Würfel schneiden. Die Zwiebel und den Knoblauch schälen und würfeln.

Das Schmalz in einem großen Topf bei mittlerer Hitze erhitzen und das Fleisch darin unter häufigem Rühren 10 Minuten scharf anbraten.

Dann Zwiebeln und Knoblauch zum Fleisch geben und etwa 5 Minuten mitbraten, anschließend das Tomatenmark unterrühren, anschwitzen und die Hitze etwas reduzieren. Mit der Brühe ablöschen, mit Zimt, Paprika, Salz, Pfeffer, Kreuzkümmel und Majoran würzen und zugedeckt etwa 40 Minuten köcheln lassen.

Die Paprikaschote waschen, trocken tupfen, längs halbieren, Kerne und Scheidewände sowie Stielansätze entfernen. Die Paprika würfeln und zusammen mit dem Sauerkraut und dem Kümmel in die Suppe geben. Weitere 15 Minuten köcheln lassen.

Fleischgerichte

Leckere Fleischgerichte schmecken
mit dem guten Fleisch natürlich
aufgewachsener Tiere noch mal so gut.

Tomaten-Hähnchen
mit Artischocken

Für 4 Portionen

2 Dosen Artischockenherzen
(à 425 ml)
2 Zwiebeln
3 Knoblauchzehen
800 g Tomaten
50 g grüne Oliven
3 El eingelegte Kapern
4 Thymianzweige
4 Rosmarinzweige
6–8 El Olivenöl
Salz
frisch gemahlener
schwarzer Pfeffer
1 Bio-Zitrone
4 Hähnchenbrustfilets
8 kleine Hähnchenkeulen
1 Bund Petersilie

Zubereitungszeit ca. 1 Stunde
10 Minuten
Pro Portion ca. 707 kcal/2960 kJ
54 g E, 43 g F, 21 g KH

Die Artischocken in einem Sieb abtropfen lassen und halbieren. Zwiebeln und Knoblauch schälen und fein würfeln. Die Tomaten waschen und in dicke Scheiben schneiden.

Den Backofen auf 180 °C Ober-/Unterhitze (Umluft 160 °C) vorheizen. Artischocken, Tomaten, Zwiebeln, Knoblauch, Oliven, Kapern, Thymian- und Rosmarinzweige in einer Auflaufform verteilen, mit Salz und Pfeffer würzen und das Öl darüber träufeln.

Die Schale der Zitrone abreiben und die Zitrone auspressen. Das Fleisch mit dem Zitronensaft beträufeln und mit Salz und Pfeffer würzen. Auf das Gemüse legen und 50–60 Minuten im Ofen backen.

Die Petersilie waschen, trocken schütteln, die Blättchen fein hacken, mit der abgeriebenen Zitronenschale vermischen und vor dem Servieren über das Hähnchen streuen.

Schweinefilet
im Speckmantel

Für 4 Portionen
2 Rosmarinzweige
1 Bund frischer Thymian
frisch gemahlener
schwarzer Pfeffer
2 Schweinefilets (à ca. 300 g)
10 Scheiben Bacon
2 El Butterschmalz
2 rote Paprikaschoten
2 gelbe Paprikaschoten
4 El Kokosöl
Salz

Zubereitungszeit ca. 40 Minuten
Pro Portion ca. 626 kcal/2621 kJ
38 g E, 50 g F, 5 g KH

Rosmarin und Thymian waschen und trocken schütteln. Die Blättchen abzupfen und grob hacken. Die Hälfte der Blättchen mit etwas Pfeffer mischen und die Filets darin wälzen. Das spitz zulaufende Ende etwas umklappen, so dass ein gleichmäßig dickes Fleischstück entsteht.

Die Filets in die Baconscheiben wickeln. Das Butterschmalz in einer Pfanne erhitzen und die Filets darin auf beiden Seiten 2–5 Minuten braun anbraten. Dann den Deckel schließen und die Filets bei schwacher Hitze 15–20 Minuten schmoren lassen.

In der Zwischenzeit die Paprikaschoten waschen, trocken tupfen, längs halbieren, Kerne und Scheidewände sowie Stielansätze entfernen und das Fruchtfleisch in Stücke schneiden. Das Öl in der Pfanne erhitzen und die Paprikastücke darin 10–15 Minuten bei mittlerer Hitze braten. Mit Salz und Pfeffer würzen. Die restlichen Kräuter zu den Paprika geben. Zum Filet servieren.

Lammcurry

Für 4 Portionen

1 Tl Koriandersamen
1 Tl schwarze Pfefferkörner
½ Tl ganzer Kreuzkümmel
2–3 Gewürznelken
2 Sternanis
1,4 kg Lammkeule ohne Knochen
Salz
3 Knoblauchzehen
1 Zwiebel
1 Stück Ingwerwurzel
(ca. 2 cm lang)
2 Zitronengrasstängel
4 El Kokosöl
1 El Tomatenmark
1 El mildes Currypulver
500 ml Geflügelbrühe
400 ml Kokosmilch
200 g grüne Bohnen
200 g Möhren
3 Frühlingszwiebeln
100 g Cocktailtomaten
frisch gepresster Saft von 1 Limette
1 Bund Koriander

Zubereitungszeit ca. 1 Stunde
35 Minuten
Pro Portion ca. 909 kcal/3805 kJ
58 g E, 70 g F, 12 g KH

Den Ofen auf 180 °C Ober-/Unterhitze (Umluft 160 °C) vorheizen. Koriander, Pfeffer, Kreuzkümmel, Nelken und Anis zusammen im Mörser grob zerstoßen. Die Lammkeule in 6 etwa gleich große Stücke schneiden, rundum damit einreiben und mit Salz würzen. Knoblauch, Zwiebel und Ingwer schälen und fein würfeln. Das Zitronengras waschen und in lange Stücke schneiden.

Das Öl in einem Bräter erhitzen und das Lammfleisch darin von allen Seiten bei mittlerer Hitze 5–7 Minuten anbraten. Dann Knoblauch, Zwiebeln, Ingwer, Zitronengras, Tomatenmark und Curry zugeben, kurz anrösten, mit der Geflügelbrühe ablöschen und die Kokosmilch zugeben. Aufkochen lassen und im Backofen auf der untersten Schiene 45 Minuten ohne Deckel schmoren.

In der Zwischenzeit die Bohnen putzen, waschen und in kochendem Salzwasser 2 Minuten blanchieren. Dann abgießen, abschrecken und abtropfen lassen. Die Möhren schälen und schräg in 1 cm dicke Scheiben schneiden. Die Frühlingszwiebeln putzen, waschen und das Weiße und Hellgrüne in feine Ringe schneiden. Die Tomaten waschen.

Die Backofentemperatur nach 45 Minuten auf 160 °C Ober-/Unterhitze (Umluft 140 °C) reduzieren. Möhren und Bohnen zum Fleisch in den Bräter geben, gleichmäßig verteilen und weitere 30 Minuten schmoren. In den letzten 10 Minuten die Tomaten zugeben.

Den Bräter aus dem Ofen nehmen und das Lammcurry mit Limettensaft beträufeln. Den Koriander waschen, trocken schütteln, die Blättchen grob hacken und zusammen mit den Frühlingszwiebeln über das Curry streuen.

Hase mit Steinpilzen
al cartoccio

Für 4 Portionen

2 Fenchelknollen
Salz
350 g Steinpilze
4 Scheiben Lardo oder
gesalzener Rückenspeck
2 ausgelöste Kaninchenrücken
(à 60–80 g)
frisch gemahlener
schwarzer Pfeffer
1 El Butterschmalz
1 Rosmarinzweig
2 El Aceto Balsamico
100 ml Gemüsebrühe
100 ml Olivenöl

Zubereitungszeit ca. 45 Minuten
Pro Portion ca. 670 kcal/2768 kJ
18 g E, 63 g F, 7 g KH

Den Fenchel putzen, waschen und in ca. ½ cm dicke Scheiben schneiden. Das Fenchelgrün aufbewahren. Den Fenchel in kochendem Salzwasser 1 Minute blanchieren, abschrecken und abtropfen lassen.

Die Pilze gründlich putzen, aber nicht waschen. Die Stiele in ½ cm dicke Scheiben schneiden, größere Pilzhüte halbieren. Den Lardo in feine Streifen schneiden.

Das Fleisch salzen und pfeffern. Das Butterschmalz in einer Pfanne stark erhitzen und das Fleisch darin 1 Minute rundum anbraten, nach der Hälfte der Zeit den Lardo und den Rosmarinzweig dazugeben. Aus der Pfanne nehmen und beiseitestellen.

Den Backofen auf 180 °C Ober-/Unterhitze (Umluft nicht empfehlenswert) vorheizen. 2 quadratisch zugeschnittene Backpapiere (ca. 40 cm) auf einem Backblech übereinanderlegen. Fenchel, Pilze, Fleisch und Lardo je darauf mittig verteilen und mit Salz und Pfeffer würzen.

Das Papier locker über der Füllung zusammenlegen. Noch nicht zu Päckchen verschließen, aber die Enden leicht eindrehen, sodass eine Schale entsteht. Den Inhalt mit Balsamico, Brühe und Olivenöl beträufeln. Nun die Päckchen verschließen und mit Küchengarn zusammenbinden. Auf der untersten Schiene 20 Minuten garen.

Vor dem Servieren die Päckchen öffnen und mit Fenchelgrün garnieren.

Lammkarrees
mit Minzkruste

Für 4 Personen

2 El Butterschmalz

4 Lammkarrees mit je 3 Koteletts
(à 450 g), Rippenknochen freigelegt

½ Bund Schnittlauch

1 Bund Minze

½ Bund Petersilie

Salz

frisch gemahlener
schwarzer Pfeffer

4 Tl Dijon-Senf

Zubereitungszeit ca. 35 Minuten
Pro Portion ca. 609 kcal/2537 kJ
94 g E, 25 g F, 1 g KH

Den Backofen auf 220 °C Ober-/Unterhitze (Umluft 200 °C) vorheizen. Das Butterschmalz in einer Pfanne bei mittlerer bis hoher Temperatur erhitzen. Die Lammkarrees einzeln rundherum 5–7 Minuten goldbraun anbraten. In einen Bräter legen und 8–12 Minuten im Ofen garen, je nach gewünschtem Gargrad.

In der Zwischenzeit den Schnittlauch waschen, trocken schütteln und in Röllchen schneiden, Minze und Petersilie waschen, trocken schütteln, die Blättchen abzupfen und fein hacken. Alle Kräuter mit Salz und Pfeffer in einem tiefen Teller vermischen.

Die Lammkarrees aus dem Ofen nehmen, auf der Hautseite mit Senf bestreichen und in die Kräutermischung drücken, dabei die Mischung gut andrücken. Dann nochmals 3 Minuten im Ofen backen. Herausnehmen und vor dem Schneiden 5 Minuten ruhen lassen.

Hähnchenschnitzel mit
scharfem Gurkensalat

Für 4 Portionen

1 Salatgurke
1 rote Zwiebel
1 rote Chilischote
frisch gepresster Saft von 1 Orange
3 El weißer Aceto Balsamico
Salz
frisch gemahlener
schwarzer Pfeffer
Honig
3 El Olivenöl
4 Hähnchenfilets (à ca. 150 g)
5–6 El Tapiokamehl
3 Eier
2–3 El Kokosmehl
75 g Kokosraspel
5 El Kokosöl
2–3 Korianderstiele

Zubereitungszeit ca. 30 Minuten
Pro Portion ca. 560 kcal/2350 kJ
40 g E, 33 g F, 25 g KH

Die Gurke waschen, längs halbieren und in dünne Scheiben schneiden. Zwiebel schälen und fein würfeln. Chilischote waschen, trocken tupfen, längs halbieren, Kerne und Scheidewände sowie Stielansätze entfernen und das Fruchtfleisch fein würfeln. Orangensaft und Essig miteinander verquirlen und kräftig mit Salz, Pfeffer und Honig würzen. Chili und Zwiebel unterrühren und das Olivenöl darunterschlagen. Die Gurke mit der Vinaigrette mischen und etwa 20 Minuten ziehen lassen.

In der Zwischenzeit jedes Hähnchenfilet in 3 Stücke schneiden und dicke Stücke zwischen Frischhaltefolie flach klopfen. Von beiden Seiten mit Salz und Pfeffer würzen.

Das Tapiokamehl in einen tiefen Teller geben. Die Eier in einem zweiten tiefen Teller verquirlen und das Kokosmehl und die Kokosraspel in einem dritten tiefen Teller vermischen. Das Fleisch nacheinander erst in Tapiokamehl, dann in Ei und zuletzt in der Kokospanade wenden. Die Hälfte des Öls in einer großen Pfanne erhitzen. Die Hälfte des Fleisches hineingeben und unter Wenden 6–8 Minuten goldbraun braten. Herausnehmen und kurz warm halten. Restliches Fleisch im restlichen Öl ebenso braten.

Gurkensalat mit Salz, Pfeffer und Honig abschmecken. Den Koriander waschen, trocken schütteln, die Blättchen abzupfen und unter den Salat heben. Die Hähnchenschnitzel mit dem Salat servieren.

Knoblauch-Kräuter-Leber mit Äpfeln

Für 4 Portionen

500 g Kalbsleber
1 El Kokosmehl
2 Rosmarinzweige
2 Thymianzweige
1 Salbeistängel
1 Bund Petersilie
1 Knoblauchknolle
1 kleiner Apfel
500 g Zwiebeln
4 El Kokosöl
Salz
frisch gemahlener
schwarzer Pfeffer

Zubereitungszeit ca. 45 Minuten
Pro Portion ca. 402 kcal/1680 kJ
29 g E, 21 g F, 24 g KH

Die Leber waschen und trocknen. Noch vorhandene dünne Haut vorsichtig mit einem scharfen Messer entfernen. Die Leber in ca. ½ cm dicke Streifen schneiden. Das Kokosmehl in eine Schüssel geben und die Leberstreifen darin wenden. Rosmarin, Thymian, Salbei und Petersilie waschen und trocken schütteln. Die Blättchen bzw. Nadeln abzupfen und grob hacken.

Die Enden der Knoblauchknolle abschneiden und die Knolle von der äußeren Schale befreien. Im Ganzen in feine Scheiben schneiden. Die Zwiebeln schälen und vierteln. Den Apfel vierteln, entkernen und in feine Scheiben schneiden.

Die Hälfte des Öls in einer Pfanne erhitzen. Knoblauchscheiben, Zwiebeln und Apfelscheiben darin zugedeckt bei kleiner Hitze in ca. 10 Minuten glasig dünsten. Dabei 50–100 ml Wasser zugießen, damit sie nicht bräunen. Übriges Wasser offen einkochen lassen.

Restliches Öl, Leberstreifen, Rosmarin, Thymian und Salbei zur Zwiebel-Knoblauch-Mischung geben und bei starker Hitze ca. 5 Minuten braten. Mit Salz und Pfeffer würzen und die Petersilie unterheben.

Fisch und Meeresfrüchte

Seen und Meere bieten eine große Auswahl
frischer Fische und Meeresfrüchte
und damit viele gesunde Inhaltsstoffe.

Tilapia mit
Orangensalsa

Für 4 Portionen

Für den Fisch
120 g Haselnüsse
40 g Kokosraspel
1 Tl getrocknete Petersilie
1 Tl getrockneter Estragon
1 Tl getrockneter Thymian
Salz
frisch gemahlener
schwarzer Pfeffer
2 Eiweiß
4 El Kokosöl
4 Tilapiafilets (à ca. 200 g)

Für die Salsa
4 Orangen
4 Clementinen
1 kleine rote Zwiebel
1 Jalapeño-Chili
Saft von 1 Limette
Saft von 1 Zitrone
2 El gehackter Koriander

Zubereitungszeit ca. 25 Minuten
Pro Portion ca. 686 kcal/2837 kJ
44 g E, 47 g F, 18 g KH

Nüsse und Kokosraspel zusammen so fein wie Semmelbrösel im Mixer zerkleinern. Dann die getrockneten Kräuter, Salz und Pfeffer zugeben und vermischen.

Die Eiweiße in einem tiefen Teller verquirlen. Die Nussmischung in einen zweiten tiefen Teller geben.

Eine Pfanne bei mittlerer Hitze mit etwas Kokosöl erhitzen. Die Fischfilets nacheinander erst in dem Eiweiß, dann in der Nussmischung wälzen, sodass sie gut damit umhüllt sind.

Die Filets nacheinander in dem heißen Fett von beiden Seiten 5–6 Minuten knusprig braten. Vorsicht, die Kruste verbrennt schnell!

Für die Salsa Orangen, Clementinen und Zwiebel schälen und alles in Stücke schneiden. Die Chilischote waschen, trocken tupfen, längs halbieren, Kerne und Scheidewände sowie Stielansätze entfernen und das Fruchtfleisch sehr fein würfeln.

Zitrusfrüchte, Zwiebel und Chili mit dem Saft der Zitrusfrüchte und dem gehackten Koriander gründlich vermischen. Den Fisch mit der Salsa darauf servieren.

Jakobsmuscheln
auf Spinatbett

Für 4 Portionen
Für die Muscheln
½ Tl Salz
½ Tl frisch gemahlener
schwarzer Pfeffer
¼ Tl Knoblauchpulver
1 Msp. getrockneter Oregano
1 Msp. getrockneter Thymian
1 Msp. Zwiebelpulver
1 Msp. Cayennepfeffer
16 mittelgroße Jakobsmuscheln
8 Scheiben Frühstücksspeck
Zitronenspalten zum Servieren

Für den Spinat
1 kg frischer Spinat
1 El Schmalz
4 Knoblauchzehen
2 Tl Salz
1 Tl frisch gemahlener
schwarzer Pfeffer
Saft von 1 Zitrone

Außerdem
16 Zahnstocher

Zubereitungszeit ca. 30 Minuten
Pro Portion ca. 407 kcal/1708 kJ
21 g E, 29 g F, 14 g KH

Die Zahnstocher 10 Minuten in Wasser einweichen. Den Backofen auf Grillstufe vorheizen.

Alle Gewürze für die Muscheln vermischen und die Muscheln von allen Seiten damit würzen.

Die Speckscheiben halbieren und um jede Muschel ein Stück Speck wickeln. Mit den Zahnstochern fixieren. Die Muscheln auf einem mit Backpapier belegten Blech verteilen und im Ofen auf einer Seite 3–5 Minuten grillen. Dann die Muscheln wenden und nochmals 3–5 Minuten grillen, bis der Speck knusprig ist. Aus dem Ofen nehmen und die Zahnstocher entfernen.

Den Spinat putzen, gründlich waschen und das Schmalz in einem großen Topf erhitzen. Den Knoblauch schälen und durch die Presse in das heiße Fett drücken. Etwa 1 Minute dünsten. Dann den Spinat zugeben und umrühren. Salz zugeben und den Spinat unter Rühren zusammenfallen lassen.

Von der Platte ziehen und den Zitronensaft einrühren. Mit Salz und Pfeffer abschmecken. Den Spinat auf Teller verteilen und die Muscheln darauf servieren. Die Zitronenspalten dazu reichen.

Lachs mit Basilikum-Avocado-Kruste

Für 4 Portionen
Kokosöl für das Blech
1 Avocado
1 Tl eingelegte Kapern
3 Knoblauchzehen
1 Handvoll Basilikumblättchen
1 El abgeriebene Zitronenschale
4 Lachsfilets (à ca. 200 g)

Zubereitungszeit ca. 25 Minuten
Pro Portion ca. 544 kcal/2274 kJ
42 g E, 40 g F, 5 g KH

Ein Backblech mit Kokosöl fetten. Den Ofen auf 180 °C Ober-/Unterhitze (Umluft 160 °C) vorheizen.

Die Avocado halbieren, den Kern entfernen, das Fruchtfleisch aus der Schale lösen und mit einer Gabel cremig zerdrücken. Die Kapern abgießen und fein hacken, den Knoblauch schälen, durch die Presse drücken und die Basilikumblättchen hacken. Kapern, Knoblauch, Basilikum und abgeriebene Zitronenschale mit der Avocadomasse vermischen.

Die Lachsfilets auf das Backblech legen und die Avocadomasse mit einem Messer oder der Rückseite eines Löffels darauf verstreichen.

Im Ofen etwa 10 Minuten backen, dann mit der Grillfunktion noch 3–4 Minuten übergrillen, bis die Avocadomasse leicht gebräunt ist.

Gebackene Forelle
mit Kräuterdressing

Für 4 Portionen
1 rote Zwiebel
1 Bio-Zitrone
1 Handvoll Basilikumblättchen
1 Handvoll Petersilienblättchen
einige Minzblättchen
einige Thymianblättchen
130 ml Olivenöl
2 Tl Salz
1 Tl frisch gemahlener
schwarzer Pfeffer
2 küchenfertige Forellen
(à ca. 500 g)

Zubereitungszeit ca. 35 Minuten
Pro Portion ca. 552 kcal/2314 kJ
49 g E, 39 g F, 1 g KH

Den Ofen auf 200 °C Ober-/Unterhitze (Umluft 180 °C) vorheizen.

Die Zwiebel schälen. Zitrone halbieren, die Schale einer Zitronenhälfte abreiben und den Saft auspressen. Die andere Hälfte der Zitrone in feine Scheiben schneiden. Kräuter, Zitronensaft und -schale, Olivenöl, Salz und Pfeffer im Mixer grob zerkleinern.

Den Fisch waschen und trocknen. Auf beiden Seiten mit der Kräutermarinade beträufeln, auch etwas in den Forellen verteilen. In eine Fettpfanne oder eine Auflaufform legen und die restliche Marinade dazugeben. Die Zitronenscheiben darauflegen.

Im Ofen 20–25 Minuten backen.

Heilbutt mit
Röstgemüse

Für 4 Portionen
Für das Gemüse
2 Süßkartoffeln
2 rote Paprikaschoten
2 gelbe Paprikaschoten
2 El Olivenöl
2 Tl Aceto Balsamico
Salz
frisch gemahlener
schwarzer Pfeffer
3 Handvoll Babyspinat

Für den Fisch
4 Heilbuttfilets (à ca. 200 g)
1 Tl gemahlener Kreuzkümmel
Salz
frisch gemahlener
schwarzer Pfeffer
1 El Kokosöl

Zubereitungszeit ca. 45 Minuten
Pro Portion ca. 478 kcal/1989 kJ
46 g E, 15 g F, 36 g KH

Den Backofen auf 200 °C Ober-/Unterhitze (Umluft 180 °C) vorheizen. Die Süßkartoffeln waschen, schälen und würfeln, die Paprikaschoten waschen, trocken tupfen, längs halbieren, Kerne und Scheidewände sowie Stielansätze entfernen und das Fruchtfleisch grob würfeln. Beides in einer Schüssel mit Öl, Balsamico, Salz und Pfeffer vermischen und auf einem mit Backpapier belegten Backblech verteilen. 25–30 Minuten im Ofen weich garen.

Wenn das Gemüse bereits 15–20 Minuten im Ofen ist, eine Pfanne stark erhitzen und den Fisch mit Kreuzkümmel, Salz und Pfeffer würzen. Dann das Kokosöl in die heiße Pfanne geben, erhitzen und den Fisch darin von einer Seite einige Minuten bräunen. Erst wenden, wenn er sich leicht vom Pfannenboden löst. Auf der anderen Seite ebenfalls bräunen und durchgaren. Den Spinat putzen.

Wenn das Gemüse fertig ist, das Backblech aus dem Ofen holen und das Gemüse vom Blech nehmen. Sofort den Spinat auf das heiße Blech geben und mit einem Pfannenwender wenden, bis er zusammengefallen ist. Leicht salzen.

Spinat und übriges Gemüse auf Tellern verteilen und den Fisch darauf servieren.

Krabbenfrikadellen
mit Remoulade

Für 4 Portionen
Für die Frikadellen
500 g gepulte Krabben
1 kleine Zwiebel
200 g gemischtes Hackfleisch
2 Eier
Salz
frisch gemahlener
schwarzer Pfeffer
Butterschmalz zum Braten

Für die Remoulade
1 Ei
1 Tl Senf
1 El frisch gepresster
Zitronensaft
Salz
frisch gemahlener
schwarzer Pfeffer
200 ml Olivenöl
½ Zwiebel
3 saure Gurken
½ El eingelegte Kapern
etwas gehackte Petersilie und Dill

Zubereitungszeit ca. 25 Minuten
Pro Portion ca. 487 kcal/2036 kJ
38 g E, 36 g F, 2 g KH

Die Krabben fein hacken oder im Mixer zerkleinern. Die Zwiebel schälen und fein hacken. Alle Zutaten für die Frikadellen mischen und mit Salz und Pfeffer abschmecken.

Das Butterschmalz in einer Pfanne bei mittlerer Hitze erhitzen und die Frikadellen von beiden Seiten je 6–8 Minuten goldbraun braten.

In der Zwischenzeit für die Remoulade das Ei mit dem Senf und dem Zitronensaft mit dem Pürierstab oder im Mixer mixen, dann Salz und Pfeffer zugeben. Das Öl in einem langsamen Strahl hineinlaufen lassen, bis die gewünschte Konsistenz erreicht ist. Die Zwiebel schälen und sehr fein würfeln. Die Kapern abgießen und fein hacken. Die Gurken ebenfalls fein hacken. Zwiebel, Gurken und Kapern zusammen mit den gehackten Kräutern in die Masse rühren.

Die Krabbenfrikadellen mit etwas Remoulade servieren.

Eiergerichte

Abwechslungsreiche Gerichte mit Ei –
viele Ideen, die morgens, mittags
und abends schmecken.

Shakshouka

Für 4 Portionen
3 Zwiebeln
4 Paprikaschoten
Butterschmalz zum Braten
2 Tl gemahlener Kreuzkümmel
1 ½ Tl Ahornsirup
1 El Ajvar
3 Lorbeerblätter
2 Tl getrockneter Oregano
800 g Tomaten (aus der Dose)
Salz
frisch gemahlener
schwarzer Pfeffer
4 Eier
2 Tl gehackte Petersilie

Zubereitungszeit ca. 40 Minuten
Pro Portion ca. 246 kcal/1028 kJ
11 g E, 14 g F, 17 g KH

Zwiebeln schälen. Paprikaschoten waschen, trocken tupfen, längs halbieren, Kerne und Scheidewände sowie Stielansätze entfernen. Zwiebeln und Paprika in Streifen schneiden.

Das Butterschmalz in einer Pfanne bei mittlerer Hitze erhitzen. Die Zwiebeln zusammen mit dem Kreuzkümmel darin glasig dünsten. Dann die Paprika dazugeben und unter häufigem Rühren etwa 10 Minuten braten, bis sie etwas Farbe annehmen. Ahornsirup, Ajvar, Lorbeerblätter und Oregano dazugeben. Dann mit den Tomaten ablöschen und Salz und Pfeffer zugeben.

Etwa 15 Minuten bei mittlerer Hitze köcheln lassen, bis alles etwas eindickt und die Paprika weich werden. Mit einem Esslöffel 4 Vertiefungen in die Sauce drücken, je ein Ei hineinschlagen und etwa 15 Minuten mit aufgelegtem Deckel weiterköcheln, bis das Eiweiß fest ist, die Eigelbe aber noch weich sind.

Mit der Petersilie bestreut servieren.

Pilzfrittata

Für 4 Portionen

400 g gemischte Pilze
(z. B. Champignons, Shiitake,
Kräuterseitlinge)
1 Zwiebel
2 Knoblauchzehen
½ Bund frischer Oregano
1 El Pinienkerne
4 El Butterschmalz
1 El Zitronensaft
8 Eier
Salz
frisch gemahlener
schwarzer Pfeffer
1 Tl rosenscharfes Paprikapulver

Zubereitungszeit ca. 35 Minuten
Pro Portion ca. 386 kcal/1613 kJ
16 g E, 33 g F, 5 g KH

Die Pilze gründlich putzen, aber nicht waschen, und fein würfeln. Die Zwiebel und den Knoblauch schälen und fein hacken. Den Oregano waschen, trocken schütteln, die Blättchen abzupfen und fein hacken.

Die Pinienkerne in einer Pfanne ohne Fett kurz rösten, dann herausnehmen. Die Hälfte des Butterschmalzes in der Pfanne erhitzen. Pilze, Zwiebel und Knoblauch etwa 5 Minuten bei starker Hitze braten, dann die Oreganoblättchen zusammen mit dem Zitronensaft untermischen.

Die Eier leicht verquirlen, mit Salz, Pfeffer und Paprikapulver würzen. Pilze und Pinienkerne unterrühren.

Übriges Butterschmalz in die Pfanne geben und erhitzen. Die Eiermasse hineingießen und 15–20 Minuten bei schwacher Hitze stocken lassen. Vorsichtig wenden, weitere 5 Minuten braten.

Paprikamuffins
mit Schinken

Für 6 Stück

Kokosöl für das Muffinblech
175 g Kochschinken
1 rote Paprikaschote
2 Zwiebeln
6 Eier
Salz
frisch gemahlener
schwarzer Pfeffer

Zubereitungszeit ca. 30 Minuten
Pro Stück ca. 124 kcal/519 kJ
13 g E, 7 g F, 2 g KH

Den Backofen auf 180 °C Ober-/Unterhitze (Umluft 160 °C) vorheizen. Ein 6er-Muffinblech einfetten.

Den Schinken fein würfeln, die Paprikaschote waschen, trocken tupfen, längs halbieren, Kerne und Scheidewände sowie Stielansätze entfernen und das Fruchtfleisch fein würfeln. Die Zwiebeln schälen und fein würfeln.

Die Eier in einer großen Schüssel verquirlen, dann Schinken, Paprika, Zwiebeln, Salz, Pfeffer und 2 El Wasser damit verrühren. In die Muffinförmchen verteilen und im vorgeheizten Backofen 18–20 Minuten backen, bis die Muffins in der Mitte gestockt sind (Stäbchenprobe machen). Noch warm aus dem Blech lösen.

Salbei-Spiegeleier
auf Zwiebelbett

Für 4 Portionen
275 g Zwiebeln
½ Bund Salbei
3 El Butterschmalz
1 ½ El Kokosmehl
Salz
1 Tl edelsüßes Paprikapulver
8 Eier
frisch gemahlener
schwarzer Pfeffer

Zubereitungszeit ca. 30 Minuten
Pro Portion ca. 294 kcal/1229 kJ
16 g E, 24 g F, 4 g KH

Die Zwiebeln schälen und in dünne Ringe schneiden. Den Salbei waschen, trocken schütteln und die Blättchen abzupfen.

Die Hälfte des Butterschmalzes in einer Pfanne erhitzen und die Salbeiblätter darin knusprig braten, dann herausnehmen und auf Küchenpapier abtropfen lassen. Anschließend das restliche Butterschmalz in der Pfanne erhitzen, die Zwiebelringe hineingeben, dünn mit dem Kokosmehl bestäuben und bei mittlerer Hitze etwa 10 Minuten in der Pfanne braten, dabei gelegentlich umrühren. Mit Salz und Paprikapulver würzen.

Die Eier einzeln auf die heißen Zwiebeln schlagen. Dabei die Zwiebeln mit dem Kochlöffel etwas verschieben, damit die Eier auf den Pfannenboden sinken, dadurch mehr Hitze bekommen und schneller stocken.

Abgedeckt bei mittlerer Hitze etwa 10 Minuten stocken lassen. Vom Herd nehmen und mit Salz und Pfeffer würzen. Den gerösteten Salbei darüberstreuen.

Tomaten-Oliven-Omeletts

Für 4 Portionen

400 g Cocktailtomaten
½ Bund Thymian
100 g grüne Oliven ohne Stein
8 Eier
Salz
frisch gemahlener schwarzer Pfeffer
4 El Butterschmalz

Zubereitungszeit ca. 50 Minuten
Pro Portion ca. 341 kcal/1423 kJ
14 g E, 30 g F, 4 g KH

Die Tomaten putzen, waschen und halbieren. Den Thymian waschen, trocken schütteln, die Blättchen abzupfen und fein hacken. Die Oliven in Scheiben schneiden.

Eier und Thymian verquirlen und mit Salz und Pfeffer würzen. Die Oliven unterrühren. Für jedes Omelett je 1 El Butterschmalz in einer Pfanne erhitzen. Je ein Viertel der Eimasse hineingeben, ein Viertel der Tomaten darauf verteilen und bei mittlerer Hitze ca. 10 Minuten stocken lassen.

Nacheinander alle 4 Omeletts backen.

Eier und Brokkoli
in Tomatensauce

Für 4 Portionen

8 Eier
750 g Brokkoli
Salz
200 g Chorizo
1 Zwiebel
1 Knoblauchzehe
1 grüne Peperoni
2–3 El Kokosöl
800 g pürierte Tomaten (Dose)
1 El Pfeilwurzelmehl
frisch gemahlener
schwarzer Pfeffer

Zubereitungszeit ca. 30 Minuten
Pro Portion ca. 605 kcal/2528 kJ
28 g E, 37 g F, 26 g KH

Die Eier in 10–12 Minuten hart kochen. Währenddessen den Brokkoli putzen, waschen, in kleine Röschen teilen und in etwas Salzwasser 8–10 Minuten köcheln lassen.

Die Eier abkühlen lassen, schälen und halbieren. Die Chorizo in Würfel schneiden. Zwiebel und Knoblauch schälen und in feine Würfel schneiden. Peperoni waschen, längs aufschneiden, Kerne und Scheidewände sowie Stielansatz entfernen und das Fruchtfleisch in halbe Ringe schneiden.

Das Öl erhitzen und die Zwiebeln, den Knoblauch, die Peperoni und die Chorizo darin anbraten. Die pürierten Tomaten zugeben, aufkochen und 2–3 Minuten köcheln lassen. Das Pfeilwurzelmehl in etwas Wasser anrühren, in die heiße Sauce geben und verrühren, aber nicht wieder aufkochen lassen. Mit Salz und Pfeffer abschmecken. Brokkoli und Eierhälften in die heiße Sauce geben.

Gemüsegerichte

Eine große Auswahl an Gemüsesorten bringt für alle Geschmäcker eine Menge Abwechslung auf den Tisch.

Zucchininudeln
mit Bolognese

Für 4 Portionen
4 Zucchini (à ca. 200 g)
Salz
1 Zwiebel
3 Knoblauchzehen
2 El Kokosöl
4 El Tomatenmark
3 El Aceto Balsamico
600 g stückige Tomaten
(aus der Dose)
4 Rosmarinzweige
eine Handvoll Basilikumblättchen
getrockneter Oregano
getrockneter Thymian
frisch gemahlener
schwarzer Pfeffer
600 g gemischtes Hackfleisch
2 El Olivenöl

Zubereitungszeit ca. 1 Stunde
10 Minuten (plus Ziehzeit)
Pro Portion ca. 551 kcal/2256 kJ
31 g E, 39 g F, 17 g KH

Die Zucchini waschen und mit einem Sparschäler ringsum bis zum weichen Inneren abschälen. Mit etwas Salz würzen und 2 Stunden ziehen lassen.

Für die Bolognese die Zwiebel und den Knoblauch schälen und fein würfeln. Das Öl in einem Topf erhitzen und die Zwiebeln bei mittlerer Hitze glasig braten. Dann den Knoblauch zugeben, kurz mitbraten und anschließend auch das Tomatenmark hineingeben. Kurz mitrösten, bis es ein wenig Farbe angenommen hat und mit so viel Balsamico ablöschen, dass der Topfboden gerade bedeckt ist. Kurz köcheln lassen, dann die Tomaten hinzugeben.

Rosmarin und Basilikum waschen, trocken schütteln, Rosmarinnadeln abstreifen, zusammen mit dem Basilikum fein hacken und zugeben. Mit den restlichen Kräutern und Gewürzen abschmecken. Nun bei schwacher Hitze etwa 30 Minuten köcheln lassen. Dann das Hackfleisch unterrühren und weitere 15 Minuten köcheln lassen. Zuletzt bei starker Hitze noch 5 weitere Minuten unter Rühren kochen.

Nun die Zucchininudeln mit dem Olivenöl vermischen. In einer Pfanne ohne weitere Ölzugabe bissfest dünsten. Dazu die Bolognese servieren.

Tipp!

Schmeckt gut zu
Rinderbraten.

Rosenkohl-Kastanien-Gemüse

Für 4 Portionen
400 g Rosenkohl
Salz
1 El Butterschmalz
½ Tl Honig
250 g Esskastanien (gegart
und vakuumverpackt)
100 ml Gemüsebrühe
2 El Kokosmilch
Pfeffer

Zubereitungszeit ca. 45 Minuten
Pro Portion ca. 193 kcal/804 kJ
6 g E, 5 g F, 29 g KH

Den Rosenkohl putzen und den Strunk kreuzförmig einritzen. Rosenkohl ca. 8 Minuten in Salzwasser kochen, anschließend mit kaltem Wasser abschrecken.

Butterschmalz mit dem Honig in einem Topf erhitzen. Die Kastanien darin kurz anschwitzen, dann den Rosenkohl zugeben. Mit der Brühe ablöschen und so lange köcheln lassen, bis die Flüssigkeit ganz verkocht ist. Zum Schluss die Kokosmilch unterrühren, leicht einkochen lassen und mit Salz und Pfeffer abschmecken.

Kürbiscurry

Für 4 Portionen

1 kg Hokkaido-Kürbis
1 Stück Ingwerwurzel
(ca. 3 cm lang)
1 Sternanis
8 Pfefferkörner
2 Gewürznelken
1 Zimtstange
400 ml Kokosmilch
(aus der Dose)
1 Tl Garam Masala
1 Tl Fenchelsamen
½ Tl gemahlener Kreuzkümmel
½ Tl gemahlene Kurkuma
1 Lorbeerblatt
2 Knoblauchzehen
½ Bund Koriander
Saft von 1 Limette
1 Tl Salz

Zubereitungszeit ca. 45 Minuten
Pro Portion ca. 80 kcal/322 kJ
3 g E, 1 g F, 15 g KH

Den Kürbis waschen, entkernen und in grobe Würfel schneiden. Den Ingwer schälen und reiben.

Einen Topf ohne Fett erhitzen und Sternanis, Pfefferkörner, Nelken und Zimt darin kurz ohne Fett anrösten. Mit der Kokosmilch ablöschen. Kürbis mit Garam Masala, Ingwer, Fenchelsamen, Kreuzkümmel, Kurkuma und dem Lorbeerblatt hinzufügen. Den Knoblauch durch die Presse drücken und ebenfalls hinzufügen.

Alles 30 Minuten im geschlossenen Topf bei schwacher Hitze köcheln, bis der Kürbis weich ist. Eventuell etwas Wasser zufügen, wenn das Curry zu dickflüssig wird.

Nach Ende der Garzeit die größeren Gewürzstücke entfernen. Den Koriander waschen, trocken schütteln, die Blättchen hacken und unterheben. Mit Limettensaft und Salz abschmecken.

Möhrenpuffer

Für 4 Portionen

Für den Dip
1 Knoblauchzehe
80 g gemahlene Mandeln
3 El Ahornsirup
1 El Apfelessig
Salz
frisch gemahlener
schwarzer Pfeffer

Für die Puffer
500 g Möhren
2 Eier
2 El Mandelmehl
1 Bund Petersilie
½ Tl Fenchelsamen
Salz
frisch gemahlener
schwarzer Pfeffer
1 Prise gemahlener Koriander
3 El Kokosöl zum Braten

Zubereitungszeit ca. 25 Minuten
Pro Portion ca. 475 kcal/1959 kJ
12 g E, 40 g F, 16 g KH

Für den Dip den Knoblauch schälen und durch die Presse drücken. Die Mandeln in einer Pfanne ohne Fett rösten. 150 ml Wasser, Ahornsirup, Apfelessig und Knoblauch unterrühren. Mit Salz und Pfeffer abschmecken und abkühlen lassen.

In der Zwischenzeit die Möhren schälen und grob raspeln. Mit den Eiern und dem Mandelmehl vermengen. Die Petersilie waschen, trocken schütteln und die Blättchen fein hacken. Die Fenchelsamen im Mörser zerkleinern. Beides zu den Möhren geben, mit Salz, Pfeffer und Koriander abschmecken.

Das Öl in einer Pfanne im Öl bei mittlerer Hitze erhitzen. Die Möhrenmasse zu kleinen Puffern formen und auf jeder Seite etwa 5 Minuten backen.

Den Dip dazu servieren.

Geschichtetes
Ratatouille

Für 4 Personen
200 g pürierte Tomaten (Dose)
1 kleine Zwiebel
2 Knoblauchzehen
½ Tl getrockneter Oregano
½ Tl Paprikaflocken
2 El Olivenöl
Salz
frisch gemahlener
schwarzer Pfeffer
1 kleine Aubergine
1 mittelgroße grüne Zucchini
1 mittelgroße gelbe Zucchini
1 große rote Spitzpaprika
2–3 Thymianzweige

Zubereitungszeit ca. 1 Stunde
15 Minuten
Pro Portion ca. 161 kcal/675 kJ
4 g E, 9 g F, 13 g KH

Den Ofen auf 200 °C Ober-/Unterhitze (Umluft 180 °C) vorheizen. Die pürierten Tomaten auf dem Boden einer großen Auflaufform verteilen. Zwiebel und Knoblauch schälen und in feine Würfel schneiden. Zusammen mit den Gewürzen und 1 Esslöffel Olivenöl mit den Tomaten vermischen, mit Salz und Pfeffer abschmecken.

Aubergine und Zucchini waschen und putzen. Paprika waschen, trocken tupfen, längs halbieren, Kerne und Scheidewände sowie Stielansätze entfernen. Dann das Gemüse mit einer Mandoline oder einem scharfen Messer in sehr dünne Scheiben schneiden.

Die Gemüsescheiben abwechselnd dachziegelartig auf die Tomatensauce schichten, dabei außen beginnen und sich spiralförmig nach innen arbeiten. Das restliche Olivenöl darüber sprenkeln und mit Salz und Pfeffer kräftig würzen.

Die Thymianzweige waschen, trocken schütteln und die Blättchen abzupfen. Das Ratatouille damit bestreuen.

Die Auflaufform mit Alufolie bedecken und das Ratatouille für 45–55 Minuten in den Ofen schieben, bis das Gemüse keine Flüssigkeit mehr abgibt, aber noch etwas Biss hat.

Tipp!
Als Beilage zu
gebratenem Fleisch
servieren.

Gerösteter Brokkoli
mit Röstzwiebeln

Für 4 Portionen

2 Zwiebeln
4 El Olivenöl
Salz
1 Knoblauchzehe
150 g Tahin
3 El frisch gepresster Zitronensaft
900 g Brokkoli
½ Bund Koriander

Zubereitungszeit ca. 50 Minuten
Pro Portion ca. 442 kcal/1847 kJ
15 g E, 37 g F, 12 g KH

Den Ofen auf 230 °C Ober-/Unterhitze (Umluft 210 °C) vorheizen. Die Zwiebeln schälen und in dünne Scheiben schneiden. Die Hälfte des Olivenöls in einer Pfanne erhitzen und die Zwiebeln mit 1 Teelöffel Salz zugeben. 30–45 Minuten bei mittlerer Hitze unter häufigem Rühren braten, bis die Zwiebeln braun und knusprig sind.

In der Zwischenzeit den Knoblauch schälen und durch die Presse drücken. Das Tahin mit 180 ml Wasser, 1 Teelöffel Salz, dem Zitronensaft und dem Knoblauch verrühren.

Den Brokkoli waschen, putzen und in Röschen teilen. Eine Fettpfanne mit dem restlichen Olivenöl fetten und den Brokkoli daraufgeben. Dabei auf dem Backblech wenden, sodass die Röschen auf allen Seiten mit dem Öl umhüllt sind. Die Brokkoliröschen mit Abstand zueinander verteilen und 15 Minuten auf einer Seite rösten, bis sie schön braun sind. Dann einzeln wenden und auf der anderen Seite nochmals 10 Minuten rösten.

Den Koriander waschen, trocken schütteln und grob hacken. Den Brokkoli mit den Röstzwiebeln und der Tahinsauce servieren, den Koriander darüberstreuen.

Süßes

Ob Dessert, Nascherei oder zum Kaffee:
Als kleine Belohnung ab und zu
muss es auch mal was Süßes sein.

Schoko-Bananen-Pudding

Für 4 Portionen
400 ml Kokosmilch
1 Tl gemahlene Vanille
4 El Honig
1 große Banane
2 El Kakaopulver

Zubereitungszeit ca. 10 Minuten
(plus Kühlzeit)
Pro Portion ca. 142 kcal/593 kJ
3 g E, 2 g F, 28 g KH

Die Kokosmilch mindestens 6 Stunden in den Kühlschrank stellen, dadurch setzt sich die dicke Creme vom flüssigen Teil ab. Die Dose öffnen (am besten von unten) und nur die dicke Creme in eine Schüssel geben. Den Rest für eine andere Zubereitung aufbewahren.

Vanille und Honig zugeben und mit dem Handrührgerät zu einer cremigen Masse mixen. Etwa ein Drittel der Creme beiseitestellen, zu dem Rest die Banane und das Kakaopulver geben (zum Garnieren etwas Banane und Kakao zurückbehalten). Mit dem Handrührgerät oder im Mixer cremig verrühren.

Die Masse in eine Schüssel füllen, die beiseitegestellte restliche Kokosmasse darüber geben. Mit Bananenscheiben und Kakaopulver garnieren.

Mandelwaffeln

Für 8 Stück

4 Eier
100 ml Kokosmilch
350 g Mandelmehl
60 g Kokosraspel
2 El Kokosmehl
1 Tl Backnatron
2 El Honig
1 Tl gemahlene Vanille
1 Tl Salz
1 Tl Zimt
Butterschmalz
für das Waffeleisen

Zubereitungszeit ca. 45 Minuten
Pro Stück ca. 294 kcal/1048 kJ
20 g E, 15 g F, 7 g KH

Die Eier in einer Schüssel verquirlen. Kokosmilch zugeben und damit verrühren. Dann das Mandelmehl unterrühren, anschließend auch Kokosraspel, Kokosmehl und Backnatron einrühren und zum Schluss Honig und die Gewürze untermischen.

Das Waffeleisen mit etwas Butterschmalz fetten. Aus dem Teig im Waffeleisen Waffeln backen, das dauert jeweils etwa 4 Minuten.

Kastanien-Aprikosen-Kuchen

Für 12 Stücke

Kokosöl für die Form
3 frische Aprikosen
3 Eier
1 ½ Tl Zitronensaft
100 g Kastanienmehl
50 g gemahlene Mandeln
½ Tl Backnatron
180 g Honig
35 g Kakaopulver
150 ml Kokosmilch
3 El Pinienkerne

Zubereitungszeit ca. 1 Stunde 10 Minuten
Pro Stück ca. 149 kcal/623 kJ
4 g E, 9 g F, 18 g KH

Den Ofen auf 180 °C Ober-/Unterhitze (Umluft 160 °C) vorheizen und eine runde Backform fetten.

Die Aprikosen waschen, überbrühen, dann die Schale entfernen. Entkernen und das Fruchtfleisch würfeln.

Die Eier trennen und die Eiweiße mit dem Zitronensaft sehr steif schlagen. In einer zweiten Schüssel die Eigelbe mit Kastanienmehl, gemahlenen Mandeln, Backnatron, Honig, Kakao und Kokosmilch verrühren.

Zuerst die Aprikosenstücke, dann das Eiweiß unterheben. In die Form füllen und mit den Pinienkernen bestreuen.

35–40 Minuten im Ofen backen.

Walnuss-Schoko-Bällchen

Für 8 Stück

180 g Walnüsse
1 Prise Salz
180 g getrocknete Datteln ohne Stein
1 Tl gemahlene Vanille
40 g Kakaopulver
Kokosraspel oder gemahlene Walnüsse zum Wälzen

Zubereitungszeit ca. 15 Minuten
Pro Stück ca. 229 kcal/959 kJ
5 g E, 15 g F, 18 g KH

Die Walnüsse zusammen mit dem Salz im Mixer fein mahlen. Dann die Datteln, die Vanille und das Kakaopulver zugeben und wieder fein mixen. Dabei einige Tropfen Wasser zugeben, damit die Masse zusammenhält.

Die Masse in eine Schüssel geben und mit den Händen zu Kugeln rollen. Nach Belieben in Kokosraspel oder Nüssen wälzen.

Schokomousse mit
Macadamiacreme

Für 4 Portionen
Für die Mousse
4 Eiweiß
25 g Kakaopulver
2 kleine Avocados
100 g Honig

Für die Macadamiacreme
40 g Macadamianüsse
50 g Honig

Zubereitungszeit ca. 15 Minuten
Pro Portion ca. 310 kcal/1297 kJ
7 g E, 26 g F, 11 g KH

Die Eiweiße für die Mousse steif schlagen, sodass sie Spitzen bilden. Die Avocados halbieren, den Stein entfernen und das Fruchtfleisch herauslösen. Kakaopulver mit dem Avocadofruchtfleisch und dem Honig cremig mixen und die Masse unter das Eiweiß heben.

Für die Macadamiacreme Macadamianüsse und Honig zusammen im Mixer mixen. Etwas Wasser zugeben, sodass die Masse cremig wird.

Die Mousse in Schälchen füllen und die Creme daraufgeben.

Apple Crumble

Für 4 Portionen
150 g Walnüsse
50 g Kokosöl und etwas
für die Form
½ Tl Zimt
½ Tl gemahlene Vanille
¼ Tl Salz
4 Äpfel
4 getrocknete Datteln
ohne Stein

Zubereitungszeit ca. 45 Minuten
Pro Portion ca. 574 kcal/2399 kJ
7 g E, 37 g F, 52 g KH

Den Backofen auf 180 °C Ober-/Unterhitze (Umluft 160 °C) vorheizen. Eine Auflaufform oder 4 ofenfeste Tassen fetten.

Walnüsse, Kokosöl und Gewürze im Mixer zu groben Crumbles mixen. Es sollten noch schöne knusprige Stückchen vorhanden sein. In eine Schüssel geben.

Die Äpfel waschen, vierteln und entkernen. Zusammen mit den Datteln im Mixer fein hacken. Zuerst die Apfelmischung in die Form bzw. die Tassen füllen, dann die Crumbles darübergeben. Im Ofen etwa 30 Minuten goldbraun backen.

Abkürzungen

ca.	=	zirka
cl	=	Zentiliter
cm	=	Zentimeter
E	=	Eiweiß
El	=	Esslöffel
F	=	Fett
g	=	Gramm
kcal	=	Kilokalorien
kg	=	Kilogramm
KH	=	Kohlenhydrate
kJ	=	Kilojoule
l	=	Liter
Min.	=	Minuten
ml	=	Milliliter
mm	=	Millimeter
Std.	=	Stunde
TK	=	tiefgekühlt
Tl	=	Teelöffel

Maße

1 Tl	=	5 ml		
1 El	=	10 ml		
1 Tasse	=	150 ml		
1 l	=	1000 ml		
1/2 l	=	500 ml		
1/4 l	=	250 ml		
1/8 l	=	125 ml		
1 cl	=	0,01 l	=	10 ml

Bildnachweis